Del Taller "Rompiendo Barreras"

52 Mensajes

Para Aumentar el Poder de Trabajar en Equipo

Felipe Aguirre y Joaquín Mota

Tu Guía Positiva

Contenido

Capítulo IV. Quien es Quien

Capítulo V. Antes de Llegar

Capítulo VI. Satisfacción como base para Crecer

Capítulo VII. Basado en la Experiencia

51. Deseo creer en eso
Ejercicio Capítulo VII. Plan para la preparación de desayunos.

Repaso de Mensajes
Capítulo I. Usando el tiempo a tu favor
Capítulo II. Encontrar el camino
Capítulo III. Seguir el sendero
Capítulo IV. Quien es Quien
Capítulo V. Antes de llegar
Capítulo VI. Satisfacción como base para crecer
Capítulo VII. Basado en la Experiencia

Introducción

Recuerdo que cuando tenía alrededor de 15 años me costaba mucho aprender de memoria los conceptos que me enseñaban en el colegio, y es por eso que no quise seguir ninguna carrera universitaria que estuviese relacionada con historia, medicina, o arte, pero a pesar de esto, nunca olvidé el concepto de "Composición" que según mi libro de Educación Artística de 4to año de bachillerato decía:

"Es el arte de reunir y ordenar diversos elementos, para que al contemplarlos se sienta una agradable sensación de armonía y belleza".

La verdad es que en aquél entonces, no podía imaginar la importancia que este concepto tendría en mi futuro y más aún, del enorme poder que encerraba el significado del mismo para lograr mejorar e incrementar las relaciones con otras personas, que es la base central de lo que hoy en día desarrollamos, en nuestras charlas, talleres y libros de "Tu Guía Positiva".

Desde pequeño fui un apasionado por los avances de la tecnología y hasta el día de hoy sigo sorprendiéndome con todo lo que se ha logrado en los diferentes campos de la misma, caso especial en los aplicados a los juguetes, los cuales he tenido que revisar constantemente por tener dos hijos pequeños, siendo el de los juegos de piezas "Tipo Lego" de nuestros preferidos y de los que más disfrutamos jugar en familia, sobre todo después de haber visitado "Legoland" y haber visto todo el despliegue de tecnología, innovación y creatividad que allí se puede encontrar.

Independientemente de nuestra edad, construir figuras con Legos, representa mucho más que apenas ordenar las pequeñas piezas solitarias (que individualmente pueden no tener mucho significado), pues cuando empezamos a combinarlas con las demás piezas, con toda su variedad de formas, colores y tamaños, las posibilidades de creación y de organización para lograr distintos resultados, pasan a ser infinitas.

Aunque este tipo de juegos, generalmente vienen acompañados con un manual de instrucciones que incluye los pasos para armar o ensamblar la figura sugerida en el empaque, incluso para los niños más pequeños, una vez logrado el objetivo de armar la figura original y luego de haberla logrado en algunas ocasiones, empieza el proceso de "romper" lo conocido, en el cual usando la imaginación y la experiencia previa, nos llevan a experimentar para lograr nuevos resultados, usando las mismas piezas disponibles.

Imaginemos, que cada uno de nosotros pueda representar en determinado momento a una o varias piezas de un juego de Legos, dependiendo del rol o papel que le corresponda cumplir en el resultado final. Algunas partes serán más complejas (mayor cantidad de piezas individuales) y otras más sencillas (menor cantidad de piezas) pero todas de igual importancia para lograr los resultados deseados.

De igual modo, en la realidad, cuando hablamos de pertenecer a un grupo de trabajo organizado, que busque convertirse en un verdadero equipo productivo, dinámico, cambiante y progresivo, que avance a través de la experiencia y el conocimiento hacia metas cada vez más específicas, debemos dar importancia a todos y cada uno de sus miembros, independientemente del grado de complejidad de cada cargo o del rol que le corresponda ejercer a cada uno en determinada ocasión.

Este libro busca entregar a los lectores una gran cantidad de herramientas, sobre cómo lograr interactuar en grupos o equipos de trabajo de manera eficiente, positiva y sencilla, a modo de lograr resultados novedosos y productivos, mediante el correcto acoplamiento de todos sus integrantes, de maneras equitativas y alineadas hacia objetivos comunes.

En muchas ocasiones, el trabajo en equipo se puede volver confuso, estresante y desmotivador para algunas personas, pues las grandes diferencias entre las tareas de cada integrante, sus resultados y los beneficios obtenidos, pueden generar toda clase de conflictos internos, como pueden ser, discusiones, envidias, quejas o acusaciones. Es en este preciso momento en el que se vuelve imprescindible disponer de una "caja de herramientas" que nos permita disolver toda clase de conflictos de la manera más adecuada para encaminar los objetivos hacia los fines deseados.

Contrariamente a lo que muchas personas que trabajan en equipo piensan, que necesitan ser guiados por un manager o un líder para funcionar de manera correcta, nosotros creemos que la mejor guía para cada persona es ella misma, si bien todo trabajo tendrá siempre un encargado, la función principal de este será la de guiar o facilitar el camino, como en el caso de una orquesta, la del maestro que la dirige, no enseña a los músicos mientras tocan la pieza.

El primer paso para la aplicación de las herramientas correctas es el auto-diagnóstico, es decir, que cada quien determine (honestamente) si aquello que hace es realmente lo que desea hacer, o simplemente lo hace porque no sabe, no puede o no encuentra otra cosa en qué desempeñarse.

Una vez determinado si lo que hacemos es aquello que deseamos, lo siguiente es buscar la manera adecuada de convertirnos en nuestros propios líderes, es decir, que no tengamos que esperar ciegamente que alguien nos motive, nos aliente o nos dirija, seguramente siempre tendremos a alguien por encima de nosotros, pero su tarea será la de entregarnos las pautas de lo que buscamos lograr para el equipo, no la de decirnos con puntos y comas todo lo que debemos hacer. Recordemos que dentro de cada equipo, somos como piezas de un engranaje y cuanto mejor sean las partes de ese sistema, mejor será el conjunto.

La idea fundamental de este libro (Taller Rompiendo Barreras) está en que **cada uno de nosotros logre dirigirse, motivarse y orientarse a sí mismo**, para que así, siendo una entidad individual completa, pueda integrarse mucho mejor a un grupo o equipo de colaboración.

Cuanto mejor preparados estén cada una de las partes de un determinado equipo, mejores serán los resultados del mismo y se reducirán en gran medida los conflictos generados por desconocimiento y malos hábitos por parte de las personas que cómodamente quieren seguir pensando que "alguien" debe siempre solucionarle sus problemas, evitando así la responsabilidad de hacerse cargo de sí mismas.

Una de las grandes recompensas que nos entrega el cambio de paradigmas en el funcionamiento del trabajo en equipo está en el mejoramiento de la calidad de vida para aquellos que los practiquen. Cuando hablamos de calidad de vida, no estamos refiriéndonos solamente al dinero o a los beneficios que puedas obtener de tu trabajo, ni a los bienes o lujos que puedas comprar con ellos, estamos hablando de poder sentirte bien la mayor parte de tu tiempo laboral, que puedas transmitir y contagiar alegría por aquello que hagas, que logres mantener una actitud emprendedora, donde la creatividad y la armonía estén siempre presentes.

Una persona que logra "Romper las barreras" que la ataban a reacciones automáticas, desanimo, falta de motivación y desorientación, logra entrar en un estado creativo y de inspiración tal, que impregna todo a su paso con esa energía, no solo en el ámbito profesional, además, esa energía pasa también a formar parte integral de su vida personal y social. Esto se ve reflejado incluso en sus relaciones personales; parejas, hijos, familiares y amigos empiezan a percibir un cambio que aunque aparentemente invisible se hace notar a toda hora.

Ese "estado de felicidad" no solamente se logra por realizar las actividades que te agradan, lo buscas en todo, y estas consciente de tomar las acciones que estén alineadas con tus verdaderos deseos, respetando los principios que te motivan, actuando en concordancia con lo que piensas y sientes, dando siempre lo mejor de ti, en el ámbito personal, de grupo y en el entorno que te rodea.

Trabajar en equipo significa también abandonar la

mentalidad de carencia y sacrificio, motivar para que los otros aprendan de ti, ayudar para que todos puedan encontrar el mejor nivel, dejando a un lado las emociones negativas y convertirse al mismo tiempo en verdaderos maestros y alumnos con la mente abierta, dejando entrar al conocimiento, la experiencia, la información, y el análisis constante basados en el progreso y el bien común en forma integral (del grupo) y no de manera individualista.

Al igual que en una maravillosa orquesta formada por gran cantidad de músicos, donde cada uno de ellos tiene una tarea y una función específica al ejecutar cada pieza musical de un concierto, individualmente, cada uno tiene tiempos determinados de acción, (no tocan todos juntos al mismo tiempo) hay momentos de solos y otros de ejecución en grupo, todos deben seguir una partitura y obedecer a un director que les guía y facilita la ejecución, esto no hace de ellos seres encadenados, ni les resta nada a su creatividad personal, al contrario, cuanto mejor y mayor sea la calidad individual de cada músico, mejor y mayor será la calidad de la orquesta, simplemente cuando ejecutan una pieza específica (tarea) deben seguir una pauta determinada para ese fin (partitura) y seguir a su director, de lo contrario los resultados serían caóticos.

Igual que en una orquesta, dentro de una empresa organizada, cada empleado (músico) debe seguir una línea determinada de acción individual (participación) en busca del resultado deseado (pieza a ejecutar), debe saber cuándo actuar y cuando no hacerlo (tiempos), cuando debe ejecutar solos y cuando colaborar en conjunto y debe saber dejarse guiar por un director (jefe o superior) sin que esto signifique la pérdida de ninguna de sus capacidades individuales, apenas algo que se hace en función de lograr los mejores resultados (performance) para todos.

Al igual que el libro anterior nos habló de encontrar nuestro mejor camino personal (el yo), este ejemplar pretende ser una guía para incrementar nuestras relaciones con los demás (el grupo) y lograr grandes objetivos, que individualmente nos serían mucho más difíciles de alcanzar.

Luego de haber terminado el primer ciclo de "Un año de mensajes…" dedicados al ser, hoy ofrecemos una segunda etapa dirigida a los equipos donde nos desempeñamos, es decir las organizaciones comúnmente llamadas empresas, (aunque son muy variadas las posibles definiciones de las mismas), todas ellas buscan satisfacer algún tipo de necesidades, independientemente que su finalidad sea de índole netamente comercial o de cualquier otro tipo.

Felipe Aguirre

Prólogo

"Ninguno de nosotros es tan bueno
como todos nosotros juntos"
RayKroc.

En nuestro primer libro "52 mensajes que pueden cambiar tu vida" basados en las charlas y las experiencias del taller "Crear Pensando", impartido en varios países y diferentes ciudades, abordamos diferentes temas relacionados con el ser, el individuo, el yo. El primer punto de una "trilogía" que nos acompaña a lo largo de nuestros caminos.

Los tres vértices de ese triángulo son, El individuo, (El Yo), los diferentes niveles de interacción entre individuos, (El Grupo) y el medio por dónde nos movemos (El entorno).

Este libro se mueve en torno al tema de la colaboración y el trabajo en equipo, destacando siempre la importancia del poder contar en cada organización con la mayor cantidad de individuos conscientes de su poder personal, que hayan comprendido lo estudiado en el primer nivel, donde aprendimos a "Crear Pensando", a utilizar diferentes herramientas para nuestro mejoramiento personal y a partir de ahora aplicarlas en beneficio del bien común de determinado grupo.

Este libro, al igual que el primero, es el resultado de un año completo de mensajes enviados a los participantes de los talleres impartidos en varios países, personas de distintos lugares, con diferentes maneras de actuar y de pensar, con hábitos y culturas bastantes dispares y que sin embargo nos enseñaron algo realmente significativo, los seres humanos buscan más o menos lo mismo de modo general en todos los lugares del mundo.

Los seres humanos buscamos en primer lugar todo aquello que nos aporte felicidad o nos aleje del sufrimiento. Sin embargo, nuestros comportamientos y acciones no siempre van de acuerdo a conseguir esos deseados objetivos. Esto se debe a un gran número de factores intrincados en nuestro diario vivir y la manera como hemos venido siendo "educados" que han hecho que vivamos de modo antagónico a lo que deseamos, nótese que aquí no nos referimos a ningún país específico, de modo general, (con pequeñas diferencias étnicas y culturales) las personas funcionan más o menos de modo similar en casi todos los lugares del mundo.

En este libro deseamos entregarles a los lectores herramientas con las que poder construir nuevas realidades, en su forma de colaborar y responder a los desafíos de renovación de las empresas contemporáneas.

Se hace imperativo, eso sí, el abandono de muchas de las viejas creencias arraigadas en nosotros como personas, como sociedades, y como colaboradores o trabajadores de los diferentes sectores productivos de cada país, solo abandonando los viejos patrones de conductas aprendidos, estaremos en condiciones de empezar a funcionar de maneras más acordes con nuestros deseos y objetivos.

Joaquín Mota

Capítulo I

Usando el Tiempo en tu Favor

"El valor del tiempo es imprescindible para generar una productividad absoluta"

Mensaje 01

Las Actividades Que Desempeñamos.

Todos nosotros, una vez finalizada nuestra formación, pasamos a ejercer algún tipo de actividad productiva, son infinitas las posibilidades y matices de lo que conocemos como empleos o trabajos, pero todos ellos tienen un factor común, son desarrollados por personas que deben interactuar con otras personas para tener éxito en su desempeño.

A partir de aquí iremos estudiando mensajes con diferentes tipos de información orientada a los temas más frecuentes con los que solemos tropezar a la hora de intercambiar procesos productivos, tanto en su aspecto interno (las personas dentro de la empresa), como en su cara externa, (comunicación con los otros agentes involucrados fuera de la misma).

Este tema es de suma importancia para nuestro equilibrio mental y espiritual, pues ocupamos gran parte de nuestro tiempo de vida desempeñando tareas que nos entreguen beneficios tanto económicos como profesionales y todas las mejoras que podamos lograr en el tema del mejoramiento de nuestro desempeño, se verá reflejado sin duda, en nuestras vidas. Las empresas, independientemente de su tamaño y características, son entidades sociales, formadas por células (personas) que deben funcionar correctamente para que el resultado general sea el deseado.

Al igual que en un organismo viviente, formado por órganos, donde cada uno de ellos tiene funciones bien definidas y específicas, cuando todos los órganos individuales funcionan bien, el organismo funciona del mismo modo. Cada célula de cada órgano, conoce sus funciones y las desempeña de la mejor manera en pro del beneficio integral.

Las empresas funcionan de modo muy similar, si cada célula (persona) conoce y ejerce sus funciones de la mejor manera esto beneficiará al conjunto en general. Esto se aplica para todas las empresas, sean constituidas por muy pocas personas o por miles de empleados. Sea cual sea su campo de acción y sus finalidades, cada quién habrá de determinar si la empresa para la que trabaja, está en armonía con aquello que ella busca realizar en su vida.

Trabajar en algo de lo que pasamos quejándonos todo el día, difícilmente nos hará brillar en nuestro crecimiento. Posiblemente sea este el primer punto a tomar en cuenta para el crecimiento de nuestro desempeño, debemos hacer aquello que nos agrade y nos haga sentir felices y realizados, al hacerlo, los beneficios llegarán por sí solos de manera automática.

Si lo que hacemos no nos gusta, busquemos algo que si lo haga. Son infinitas las posibilidades que existen en lo que a empleos se refiere, para ello debemos tener el valor de abandonar nuestra zona de comodidad y avanzar hacia otro camino…

Mensaje 02

La Falsa Comodidad De La Zona Cómoda

Durante ciertos períodos de nuestras vidas tenemos la tendencia a caer en estados de inercia o inmovilidad y nos resulta más cómodo no hacer nada que intentar seguir avanzando, principalmente evitando correr el más mínimo riesgo para salir del letargo.

Encontramos miles de justificaciones para no dar el salto hacia lo desconocido, nos mantenemos durante largos períodos de tiempo en nuestros cascarones y nos da terror la idea de abandonarlos, aunque en la mayoría de los casos nos desagraden las condiciones en las que estamos viviendo, esto se convierte en un enorme círculo vicioso, que nos hace repetir una y otra vez situaciones que en algún momento debimos dejar atrás.

Una de las condiciones esenciales para abandonar las falsas zonas de comodidad es sin duda la acción. Podemos tener miles de pensamientos positivos, sentimientos de voluntad de cambio, deseos arraigados de salir del letargo y un sinfín de ganas de avanzar hacia nuevos caminos, pero sin la acción, todas ellas se vuelven humo; tanto en los aspectos emocionales de nuestra vida como en los ámbitos profesionales, llegarán momentos en los que se hará imperativa la necesidad de acción para salir de la zona cómoda y poder llegar a nuevos territorios de posibilidades.

Podríamos decir que uno de los mejores indicadores para saber si estamos en el camino correcto es el grado de felicidad que nos reporta hacer aquello que hacemos; lamentablemente pocas veces somos educados para ser felices.

Desde pequeños se nos enseña más a competir para ganar, que para disfrutar aquello que hacemos, pero con el pasar del tiempo nos vamos dando cuenta que son mucho más felices y realizadas aquellas personas que se desempeñan en aquello que aman, sin importarle los aspectos ni las opiniones exteriores.

La buena noticia es que siempre tenemos la oportunidad de corregir nuestro rumbo, desde el momento en que sintamos que este camino no es el que deseamos, que nos invadan distintos tipos de sentimientos negativos, de frustración o de fracaso, debemos redefinir el rumbo y por sobre todas las cosas, emprender las acciones necesarias para llegar a nuevos puertos.

Es en el ámbito profesional, donde posiblemente nos cueste más trabajo emprender nuevos caminos, nuevas direcciones, comenzar nuevas actividades; casi siempre se hace una tarea extremadamente difícil, pues nos aferramos a aquello que "fuimos", también a aquello que nos dio grandes satisfacciones en el pasado, aunque la historia está llena de casos exitosos de personas que en determinado momento de sus vidas, cambió de rumbo, redefinió sus prioridades y condiciones, emprendió nuevas maneras de desempeñarse logrando encontrase a sí mismos de una manera renovada.

Aferrarse al pasado es a veces el mayor enemigo para el cambio positivo, si aquello que hacemos no nos entrega el grado de felicidad que esperamos, estamos en el momento correcto para introducir cosas nuevas a nuestra búsqueda y volver a centrarnos, empezaremos por aprender a identificar dónde estamos y hacia dónde queremos ir, para a continuación emprender las acciones para activar los cambios deseados.

Mensaje 03

Primero Adentro, Luego Lo Demás

Uno de los errores recurrentes en todos los aspectos de nuestras vidas es el de culpar o hacer responsables de aquello que sucede en nuestra realidad a las situaciones, condiciones o agentes externos a nosotros. Pasa con los sentimientos, con la economía, con nuestro desempeño, incluso con nuestra salud, etc. Siempre estamos esperando que "algo o alguien" llegue para satisfacer aquello que nos falta o que se vaya para que podamos tener la vida que deseamos. Nos cuesta mucho trabajo hacernos enteramente responsables por todo aquello que sucede en nuestras vidas y por supuesto es mucho más fácil poner el epicentro fuera de nosotros mismos.

En el caso del mundo laboral, (que es el que nos toca en estos mensajes), no nos quedamos atrás. Seamos empleados o trabajadores independientes, encontraremos un sinfín de "responsables" a quienes culpar cuando no logramos alcanzar nuestras metas. Pues es esto, queridos amigos(as), uno de los puntos a sanar si queremos empezar un nuevo camino de verdadero éxito personal.

Primero debemos mirar adentro de nosotros mismos, limpiar todo lo que nos estorbe para avanzar y solo después podrá venir lo siguiente.

Vivimos en un mundo gobernado primeramente por lo "invisible", pero tenemos la tendencia a darle más importancia a aquello que vemos. Cuando miramos a otra persona, creemos ver su cuerpo, llegando incluso a pensar que funciona por arte de magia. Olvidamos que ese cuerpo está formado por miles de millones de diminutas células que son las que componen cada uno de los órganos y partes de ese cuerpo. Y es en el funcionamiento correcto de esas células donde reside el bienestar general de tal cuerpo.

Nuestro éxito también se compone de un montón de células invisibles que serán las responsables que las cosas funcionen correctamente o se generen constantes conflictos que nos mantengan lejos de aquello que deseamos.

Seguramente a muchos puede costarle asimilar estos conceptos, pero a ellos les decimos a modo de ejemplo, que se podría hablar durante años acerca de lo qué es el amor, pero solo cuando se lo experimenta este deja de ser algo abstracto y se pasa a entender su embrujo. Es quizás la mejor forma de representar a algo invisible que controla cada aspecto de nuestras vidas.

Con el éxito y la realización personal pasa algo muy similar que con el amor, solo cuando nos comprometemos de lleno, podemos sentir su influjo y beber de su fuente. De lo contrario nos quedamos parados en teorías y palabras, nada más. Pretender tener éxito sin "apasionarnos" por lo que hacemos es similar a estar enamorado de alguien sin jamás interactuar con ella, difícilmente lleguemos a obtener resultados positivos.

Ahora bien, tanto en el amor como en todo lo demás en la vida, la pasión debe partir desde adentro, sin apego a los resultados y sobretodo sin vivir en la fantasía pura.

No necesito esperar a que lleguen las condiciones perfectas para amar a alguien perfecto. Sin embargo, sintiendo amor por todo lo que soy, atraeré a la persona ideal para mi vida, alguien con quien compartir todo mi amor.

Con el mundo laboral sucede algo similar, no voy a esperar las condiciones y la ocupación perfecta para ser feliz, haré aquello que amo y me haga sentir feliz y seguramente los éxitos y las realizaciones acompañarán y enrumbarán mi camino profesional. En ambos casos es aconsejable recordar que ni siquiera la perfección del amor escapa a situaciones difíciles y errores que ir resolviendo en el camino, solo así se va creciendo, avanzando y aprendiendo de lo vivido para no repetir aquello que no deseamos.

¡Solucionemos primero todos los problemas dentro de nosotros mismos y el mundo externo seguirá nuestro camino interno!

Mensaje 04

Mejorando La Capacidad De Comunicación

En los últimos 20 años hemos sido testigos de los maravillosos avances en el mundo de la tecnología; computadores, teléfonos inteligentes, tabletas y una serie inagotable de dispositivos cada vez más veloces y con mayor capacidad de procesamiento, con aplicaciones para prácticamente todos los ámbitos de la vida. Sin duda alguna una de los grandes motivos por los que ha sucedido esta gran escalada tecnológica se debe al aumento de la velocidad en el procesamiento de la cada vez mayor cantidad de información, que al fin y al cabo es el alma de la tecnología.

El aumento de la red global así como la calidad y el mejoramiento de la capacidad de comunicación entre distintos tipos de aparatos y dispositivos electrónicos, hasta hace pocos años completamente aislados unos de otros, han generado nuevos paradigmas en la forma de comunicarnos y por encima de todo, en la forma como interactuamos entre nosotros.

Curiosamente, en nuestro entorno social (y laboral), a pesar que contamos con una diversidad enorme de nuevas tecnologías en comunicación, que deberían estar a nuestro servicio para comunicarnos de manera mucho más efectiva, pareciera que nos hemos aislado de nuestros semejantes y que hemos ido perdiendo la capacidad de comunicarnos eficazmente (humanamente) con nuestros similares.

Quizás sea por esto que hoy en día no es raro ver a un grupo de personas sentadas en la mesa de un restaurante que hablan entre ellas por intermedio de sus celulares, en vez de hacerlo directamente, en persona. Parece difícil de creer, pero sucede mucho más a menudo de lo que nos gustaría ver.

La tecnología es una maravilla que nos ha tocado vivir en estos días, pero, no debemos olvidar que fuimos nosotros quienes creamos esa tecnología, siendo así, no podemos ceder ante ella, aprender a comunicarnos correctamente con las personas con quienes interactuamos a diario es una garantía para alcanzar las metas que deseamos.

Al igual que hemos hecho con las maquinas no solo debemos buscar aumentar la velocidad de nuestra comunicación, así como la calidad de la misma. Saber hablar, escribir y leer correctamente, así como la capacidad de análisis de aquello que vemos, leemos y escuchamos, son herramientas fundamentales para triunfar en el mundo laboral o empresarial, la tecnología es (o debería ser) apenas una herramienta que nos ayude a llegar a comunicarnos con más personas con mayor facilidad y rapidez.

Difícilmente veremos a alguien que triunfe en la vida y que no sepa expresarse correctamente, es muy posible incluso que no sepa manejar correctamente un computador o un celular de última generación, pero seguramente no lo veremos escribir con errores ortográficos, lo más seguro es que sabrá manejar a sus audiencias a modo de transmitir claramente el mensaje que desea y ciertamente ¡será más inteligente que su teléfono celular!

Debemos ser cuidadosos, (especialmente las generaciones más jóvenes quienes usan y abusan de la tecnología disponible), a la hora de mejorar nuestra manera de comunicarnos en todos los ámbitos de nuestras vidas, pero muy especialmente en el laboral, pues de ello dependerá en gran medida nuestro éxito o fracaso profesional.

Otro aspecto importante a tener en cuenta a la hora de comunicarnos correctamente, es el uso de la información que consumimos, esto tiene todo que ver con la capacidad de comunicación, pues dada la facilidad que existe en encontrar gran cantidad de "noticias" en las distintas redes, (internet, redes sociales, etc.) y dado también el hecho que dicha información no siempre es la correcta, es muy común encontrarnos con una gran cantidad de "expertos" en toda materia, esto solo por el hecho de leer un par de artículos en cualquier sitio web.

Lo mejor es ser cuidadoso y buscar siempre varias fuentes serias de información que podamos comparar si queremos "alimentarnos" correctamente con lo que encontramos en internet, pero complementar también con otros medios nos hará evitar caer en algunos errores.

Mejorar nuestra capacidad de comunicación integral así como la calidad de la misma, nos entregará las mejores herramientas para convertirnos en personas verdaderamente exitosas.

Mensaje 05

Incorporando Lo Encontrado

Todos nosotros, cada uno de los seres de este planeta, estamos siempre en una búsqueda interminable de "algo". Buscamos nuevas y mejores oportunidades para cada una de las áreas de nuestras vidas; en el amor, en lo profesional, en lo espiritual, en fin, en todo, tenemos una especie de obsesión por "encontrar" mejores condiciones, bien sea para conseguir aquello que aún no tenemos o para mejorar aquello que ya poseemos. Podríamos decir que esta búsqueda es inherente a la condición humana de querer siempre ir más allá de lo conocido.

Algo que no deberíamos dejar pasar por alto también, es el hecho que en muchos de los casos, ciertas personas se han convertido en "eternos buscadores", esto es, siempre están buscando nuevas oportunidades para cambiar o mejorar algo, pero una vez que lo consiguen, de inmediato, empiezan a buscar algo más, esto los hace vivir siempre insatisfechos consigo mismos y con el mundo que les rodea. Debemos brindar especial importancia a este aspecto, pues en él se reflejan muchas características ocultas de nuestro ser más interno.

Por un lado podemos decir que es importante que cada quien quiera siempre mejorar sus condiciones presentes, sean de la índole que sean, pero también es un aspecto relevante el saber primero, cuándo estamos encontrando algo de lo que buscábamos y más aún, el qué hacemos con eso que acabamos de encontrar.

Una vieja frase dice que "Lo importante no es encontrar, sino incorporar aquello que se encuentra". Podemos ir por la vida encontrando miles de cosas que creímos nos hacían falta, pero si no las incorporamos a nuestra experiencia y las hacemos participar de nuestra realidad, de poco o nada nos habrán de servir.

Imaginemos una persona que ha decidido encontrar un mejor empleo, se pone en la búsqueda del mismo, encuentra algunas oportunidades y se decide por una de ellas, al cabo de unos pocos días, decide de nuevo que "eso" no era lo que buscaba, emprende la nueva búsqueda y vuelve a repetir el ciclo una y otra vez… De igual modo para alguien que busca una pareja, conoce a alguien y cifra todas sus esperanzas de relación con esa persona, al poco tiempo decide que esa no era lo que buscaba y parte a la búsqueda nuevamente, una y otra vez…

Existe otro concepto muy conocido que nos dice: que "aquello que encontramos, tiene mucho que ver con lo que buscamos", aunque esto pueda parecernos obvio, muchas veces sin darnos cuenta, en realidad, estamos buscando aquello que "no deseamos", creyendo que hacemos estrictamente lo contrario. Quizás este sea el motivo de nuestra incesante búsqueda. Ya vimos en varios mensajes anteriores que es de vital importancia saber primero qué es lo que queremos o hacia dónde vamos para poder así alcanzar las metas deseadas.

Veremos más adelante cómo dejar de ser eternos buscadores y convertirnos en seres que saben aprovechar todas y cada una de las oportunidades que vayamos encontrando en el camino, incorporando todo aquello que nos haga crecer y desechando aquello que no contribuya a ese propósito.

Mensaje 06

Aprender Desde Todos Lados

Si hay algo maravilloso entre todas las capacidades que poseemos los seres humanos, sin duda alguna, una de ellas es la de poder aprender durante toda nuestra vida. No hay límites para la posibilidad de aprendizaje a lo largo de cada uno de los días de nuestras existencias. También son infinitas las maneras de cómo ese aprendizaje puede llegarnos, debido a que podemos aprender por nosotros mismos, por aquello que nos enseñan nuestros maestros, profesores y padres, así como también tenemos una forma de aprender colectivamente, es decir mediante las experiencias ajenas. Todas son muy importantes, aunque pareciera que en determinados momentos olvidamos la opción de aprender mediante las experiencias ajenas, e insistimos en cometer errores con situaciones que ya sabíamos que no habían funcionado en el pasado.

Pongamos un ejemplo para ilustrar este punto. Imaginemos a un cocinero que está empezando a dar sus primeros pasos en un restaurante, ya estudió gastronomía, pero no tenía experiencia en la práctica real de cocinar. Como sabemos, la cocina es un arte lleno de trucos y de secretos que hacen la gran diferencia entre ser apenas un buen cocinero o ser un gran chef. Seguramente nuestro aprendiz ya se enfrentó a muchos errores durante sus estudios, pero en el día a día, la cosa pasa a ser distinta, pues si o si, hay que evitar a toda costa los futuros errores, dado que se debe satisfacer a los clientes y el tiempo siempre apremia.

Es en este momento donde las recetas (probadas y conocidas) pasan a tener una gran importancia. Pues ellas forman parte de las experiencias de personas que seguramente ya cometieron muchos errores hasta poder llegar a plasmar la mejor manera de hacer determinado platillo.

Una frase muy sabia nos dice que "Un maestro es alguien que se ha equivocado más veces que aquellas que las que ha intentado el aprendiz". No es difícil imaginar el desastre que sería si cada novato intentara preparar una comida sin conocer la receta de la misma, incluso la receta del propio restaurante que es quién le da el sello distintivo al mismo.

Lo anterior es apenas un ejemplo, pero esto deberíamos tenerlo en cuenta para todas las actividades que desempeñamos, si bien es importante desarrollar nuestras propias experiencias, también lo es el evitar repetir situaciones en las que con anterioridad, otras personas ya las habían corregido; saltarnos esos errores y avanzar más rápidamente hacia la excelencia de nuestro desempeño. Como lo dice el título de nuestro mensaje lo ideal es "aprender desde todos lados", por aquello que descubrimos por nosotros mismos, por aquello que nos enseñan, por aquello que nos dejaron nuestros predecesores, etc.

La excelencia profesional se logra, primero, siendo un buen alumno, absorbiendo toda la mayor cantidad de conocimientos que nos llegan desde todos lados, intentando en ese aprendizaje estar siempre muy consciente de los errores que ya se cometieron en el pasado, para evitar volver a repetirlos, luego habrá un momento en el que empecemos a desarrollar nuestras "propias recetas", en el que será inevitable cometer nuevos errores, pues estaremos aplicando innovación, mejorando los procesos anteriores y desarrollando los nuestros, que irán convirtiéndose en las "nuevas maneras" de hacer las cosas.

Lo cierto es que llegaremos a destacarnos en todo lo que hagamos, desde el momento en que dejemos los errores para la fase experimental de nuestras carreras, luego, dado que es prácticamente imposible no volver a cometer algún error, intentaremos que estos solo aparezcan en casos muy puntuales y solo en situaciones que no hayan sido probadas con anterioridad.

Mensaje 07

La Importancia De Hacer Las Cosas Con Método

Siempre que nos disponemos a ejecutar una tarea determinada y en muchas ocasiones sin siquiera darnos cuenta, seguimos un método para intentar lograr de la mejor manera nuestros objetivos. La persona que se dispone a preparar una deliciosa comida debe seguir un método si desea obtener buenos resultados, es decir, tiene que seguir un proceso ordenado y coherente, con una secuencia lógica de acciones que permitan seguir un camino de principio a fin de la preparación.

Resultaría muy evidente para todos, que incluso para freír un simple huevo, debemos seguir todo un método para lograrlo. Desde encontrar una sartén donde prepararlo, encender el fuego, poner algo de aceite en la sartén, romper la cáscara, cocinar el huevo, agregar el condimento que deseemos, encontrar el punto de cocción deseado, buscar algo con que sacarlo del aceite, ponerlo en un plato, encontrar unos cubiertos para poder comerlo, etc.

Todos los aspectos de la vida se rigen determinados métodos de acción. La vida misma está repleta de procesos que requieren de etapas o pasos que forman parte de un método. Ahora bien, en nuestro día a día, en especial en el campo laboral, vamos intentando obtener buenos resultados, descuidando los métodos, las recetas para lograr determinados objetivos. Esto muchas veces se traduce en frustraciones y agotamiento innecesario que, por lo general, conduce a estado de estrés. Imaginemos que cuando preparábamos nuestro huevo frito, hubiésemos olvidado u omitido alguno de los pasos mencionados, ¿Qué pasaría si decidiéramos dejarle la cáscara al huevo, aunque hayamos mantenido todos los demás pasos del proceso correctamente? Los resultados no serían los mismos, de eso no hay duda alguna.

De igual manera como existen libros de recetas de cocina para preparar distintos platillos y que hay muchas maneras diferentes de preparar un mismo plato, según las experiencias previas de las personas que las han ido ejecutando y renovando con cada receta al irles integrando su "toque personal", del mismo modo existen métodos comprobados para cada tarea que desempeñemos a diario en nuestras actividades o profesiones. Pero en todas ellas, seguramente tendremos problemas o sencillamente no lograremos los resultados deseados si decidimos saltarnos los métodos conocidos que funcionan, incluso la falla en pequeñas partes (a veces aparentemente insignificantes) de un método, pueden generar resultados desastrosos.

Entonces aquello que muchas veces llamamos mala suerte o que pensamos que todo nos sale mal, es apenas el resultado de no seguir al pie de la letra los métodos conocidos para lograr una tarea de principio a fin. Otro error bastante común es el de no terminar los procesos completos, una vez que creemos haber terminado de preparar "nuestra receta" y dejamos todos los utensilios sucios para después... Caso para decir que muchas personas quieren aprender a cocinar y pocas logran entender el proceso completo.

Por lo general la excelencia en una profesión, (o aquello que creemos que es lo más parecido a ella), se logra siguiendo métodos sencillos para realizar una determinada actividad, recordemos aquella máxima de Lao Tse: "Todas las cosas difíciles tienen su origen en lo que es fácil, y las grandes cosas en lo que es pequeño".

Hasta el punto que ya tengamos suficiente habilidad comprobada para empezar a crear o modificar nuestras propias recetas, un método es un camino, como todo camino debe tener un inicio, un recorrido y un final o llegada, debe haber contado con cierta planificación para recorrerlo, con un orden coherente de ejecución de todos los procesos involucrados para lograr determinados objetivos.

Sería casi imposible construir un edificio de arriba hacia abajo, o empezar una receta de atrás hacia adelante. Revisemos con honestidad para con nosotros mismos cuantas veces al día cometemos el error de romper los métodos conocidos en el desempeño de nuestras actividades, por descuido, por apuro o por cualquier otro motivo, aunque no seamos conscientes de ello y habremos dado un gran paso en el camino para acercarnos a la maestría, sea cual sea nuestra profesión.

Mensaje 08

Desde La Salida Hasta La Meta

En el mensaje anterior hablamos de la importancia de hacer las cosas siguiendo un método para alcanzar nuestras metas y logros deseados. Método significa tan solo seguir los pasos correctos en el orden adecuado (para lograr terminar algo correctamente), sin saltar, cambiar u omitir ninguno de ellos.

Hoy queremos hablar del proceso integral del método. Tomaremos como referencia a los corredores que se preparan para participar en una carrera de maratón. La importancia de la carrera en sí, como lo dice el título de este mensaje, consiste en ir desde la partida hasta lograr llegar a la meta. Pero el proceso completo va más allá del tiempo que dure esa carrera. Deberá comprender toda una serie de pasos previos y posteriores a la misma.

Los corredores más experimentados saben dosificar sus fuerzas y administrar así los diferentes momentos del trayecto a recorrer. Deben tomar en cuenta una serie de factores importantes si quieren llegar hasta el final de la carrera. Respiración, hidratación y alimentación adecuada, velocidad, temperatura, etc., son algunos de esos factores a tomar en cuenta.

Pero, bien, debemos tener algo muy presente para entender el método de manera integral. (Proceso completo) Un maratón no empieza con la salida de la carrera, ni tampoco termina una vez que se llega a la meta. Para que un corredor tenga éxito debe seguir un método integral que involucra varios otros pequeños métodos desde antes de la carrera: Entrenamiento, condición física, chequeos médicos, alimentación balanceada, descanso adecuado, etc. Otro que ya mencionamos anteriormente y que incluye el proceso de correr la distancia total de la carrera, hasta otro después de la llegada a la meta.

Lo que deseamos explicar con este ejemplo de la carrera es que muchas veces nos enfocamos con tanta pasión en una tarea determinada, que olvidamos los procesos previos y posteriores a la misma y que son igualmente importantes para conseguir logros destacados.

He aquí la importancia de establecer métodos propios que abarquen la mayor cantidad de tareas y sub-tareas necesarias para obtener los resultados que deseamos. Igual como no sería lógico para un corredor pensar solamente en el trayecto de la carrera, olvidando todos los preparativos previos y las actividades posteriores a la misma, en las tareas que desempeñamos a diario sucede algo similar.

Por lo general, no existe solamente un método correcto o "perfecto" para realizar cualquier tarea de manera ideal. Existen si, formas previamente conocidas de hacer determinadas cosas, que deberemos ir probando y luego adaptándolas a nosotros, (de acuerdo a aquello que queramos alcanzar de manera personal) es decir, las iremos personalizando para aprovechar las ventajas de lo que ya se ha probado que funciona, para evitar los errores que ya se cometieron anteriormente y desarrollaremos nuestros propios procesos y métodos personales de realizar las actividades que desempeñamos.

Hacemos un pequeño alto en este momento para recordar que el concepto de "éxito" que manejan nuestras sociedades actuales es a lo mínimo cuestionable, aquí nos referimos al éxito personal, a lograr los objetivos trazados por cada uno de nosotros, sin comparaciones, sin pretender ser como nadie más, apenas buscando alcanzar nuestros deseos internos.

Al fin y al cabo, en una carrera son siempre muchos más aquellos que la comienzan que los que la terminan a tiempo y en buenas condiciones, algunos participan solo por el placer de competir y no buscan ganar, muchos otros seguramente ni siquiera saben el por qué lo hacen, tan solo una minoría de los participantes lo hace como profesionales, siguiendo todos los métodos necesarios para lograr un buen desempeño. Para una carrera o para cualquier actividad de nuestra vida cotidiana, debemos primero establecer nuestra meta, para luego actuar en consecuencia para lograrla.

Mensaje 09

La Geografía Del Territorio Del Éxito

Podría decirse que la vida humana está centrada en la búsqueda del éxito en todas sus facetas. Como raza, son muchas las conquistas que hemos logrado y aun así son igualmente incontables las cosas que nos faltan por conseguir. Esto se debe a que la geografía del territorio en el que buscamos es de infinita variedad, pocas veces encontramos aquello que deseamos en territorios lisos y sin obstáculos, incluso, muchas veces buscamos en zonas de las cuales desconocemos casi todo y sin tener ningún tipo de mapas o sistema que puedan ayudar a orientarnos.

Como hemos dicho en incontables ocasiones en nuestros mensajes, siempre habrá una relación entre lo que vemos en el mundo exterior y aquello que sucede en nuestro mundo interior, por lo tanto, en muchas ocasiones cuando intentamos buscar el éxito en alguna de las áreas de la vida, nos encontramos extraviados, perdidos y sin referencia. Es algo así como salir a caminar por una montaña de la que no sabemos nada, ni tenemos ninguna información de lo que podríamos encontrar en ese camino.

Debemos pensar en algo importante para analizar este punto, incluso cuando se tiene un mapa de un lugar, esto no nos exonera de peligros ni de sorpresas que podamos encontrar en el camino. Sin embargo el tener un mapa e información previa del lugar que vamos a recorrer nos ayuda a planificar el recorrido y a minimizar las situaciones sorpresivas, a dosificar las fuerzas y las energías, a buscar alternativas previas a los lugares potencialmente más riesgosos, etc.

Tenemos la suerte de vivir en un momento donde la información fluye a borbotones desde muchas fuentes, hoy podemos aprender prácticamente de todo apenas con desearlo, si sabemos buscar en la fuente correcta. Por lo tanto siempre que deseemos recorrer un nuevo territorio (alcanzar una nueva meta), empezamos por adquirir la mayor cantidad de información posible sobre el tema que buscamos. Hasta aquí todo bien, pero debemos recordar aquella vieja frase que dice que jamás "encontrarás perlas en la superficie, si quieres encontrarlas deberás sumergirte". Esto significa que si bien es cierto que disponemos de información casi infinita para todos los temas que deseemos encontrar, también es verdad que la misma está disponible para todos por igual, esto aumenta de inmediato el número de competidores, que recorren el mismo territorio, intentando lograr el mismo éxito que nosotros.

Creemos entonces con mucha firmeza que lo que va a distinguir a los "buscadores" de aquellos que realmente logran sus metas y deseos, es una serie de pasos previos bien estructurados (un método) seguido de las acciones correctas y firmes para alcanzarlos. Vivimos rodeados de "expertos conocedores" que jamás han subido a una montaña, conocen toda la geografía, lugares y poseen toda la información disponible sobre el camino, dictan charlas de cómo debe subirse la colina, pero lo cierto es que ellos jamás la han recorrido…

Conocer la geografía del éxito significa haberla recorrido, saber que hay subidas difíciles y pendientes escarpadas, lugares para descansar, paisajes maravillosos y espeluznantes, hermosos lagos donde beber y nadar, y peligrosos pantanos, caminos planos fáciles de recorrer y riscos de extremo peligro, **el territorio del éxito es el de la acción.**

Ejercicio Capítulo I

Aprendiendo A Conocer Al Equipo

Es poco probable que iniciemos cualquier tipo de relación de colaboración duradera con personas totalmente desconocidas. Para iniciar a desarrollar un equipo de trabajo, el primer paso requiere que sus integrantes se conozcan y aprendan a interactuar entre ellos.

Existen diferentes formas de lograr que todos se conozcan y una de ellas, es que al iniciar cada reunión de trabajo, cada uno de los integrantes diga su nombre y alguna otra información que llame la atención y que ayude a que se generen conexiones entre los miembros, como es por ejemplo, que indiquen cuál es su hobby, lo que más les guste de comer, lugares que han visitado, puntos de reunión, etc.

Para esto se pueden desarrollar diferentes ejercicios como parte de esa introducción para no caer en la rutina y la monotonía, como lo comúnmente conocido en que cada integrante uno a uno se levanta y dice su nombre.

Si esto les parece que no tiene ningún efecto y después de 5 minutos nadie se acuerda del nombre del otro, pues recomendamos hacerlo más entretenido y con algunos cambios innovadores, como por ejemplo:

--☐ Formar un circulo entre todos los participantes y que cada uno le diga en silencio su nombre solo a la persona que tiene a la derecha y el apellido a la persona de la izquierda.

--☐ Deberá existir un líder en el centro, que aleatoriamente apunte a cualquier persona.

--☐ Al hacerlo, la persona señalada se mantendrá callada, pero el de su derecha dirá en voz alta su nombre y el de la izquierda su apellido. Esto puede generar confusión, lo que hará más entretenido el juego.

--☐ La persona del centro deberá asegurarse que la información de todos los participantes ha sido mencionada.

--☐ Repita este juego, cambiándose de posición, y tantas veces considere necesario.

Otro ejercicio que se puede realizar, es tomar el tiempo en que todos los participantes se ordenan por apellido, comenzando con los que empiezan por la letra A al frente, hasta los que empiezan con Z al final.

Este ejercicio se puede repetir con el nombre, con la ciudad o fecha de nacimiento, con su color favorito, con el nombre de su mascota, o con cualquier otro nombre que haga que los participantes se conozcan y deban interactuar para lograr ordenase.

Capítulo II

Encontrando el Camino

"Visualizar nuestro destino es esencial para enfocar nuestra energía en llegar hasta allá"

Mensaje 10

De La Teoría A La Acción

Para nadie es un secreto la gran cantidad de información que se puede encontrar con facilidad en estos días, eso sí, gran volumen de "cantidad" la que no necesariamente va acompañada por la "calidad" que desearíamos. La facilidad de publicación y distribución en infinidad de medios (principalmente digitales) hace que mucha de esa información circule por las redes sin que, en muchas ocasiones, se conozcan la veracidad y las fuentes de las mismas.

Corresponde entonces a nosotros mismos hacer el trabajo de filtrado pertinente que nos permita separar el trigo de la paja, evitando el simple y riesgoso "Copiar y Pegar" que permite la propagación virulenta de información sin base ni sentido. Hacemos este llamado de atención previo para poder hablar del tema que hoy nos corresponde que es el de pasar de la teoría a la acción. Imaginen que ya es suficientemente negativo quedarse anclado en las teorías, como para permitir además que gran parte de esa información fantasma pueda ser falsa.

Max Weber afirmó que: "**En la acción está contenida la conducta humana**". Sin acción los aspectos de la vida pierden la dinámica y se convierten en meros "estudios" de algo que podría llegar a suceder. Solo la acción genera el ciclo completo del conocimiento, la experiencia, al menos del momento en el que se está experimentando, dado que el conocimiento es también dinámico e irá variando con el tiempo a medida que se vayan rompiendo los paradigmas o creencias, propios de cada situación.

El punto central que queremos destacar hoy es que, en nuestro día a día, de nada sirve recargarse de información si no vamos a hacer nada con la misma, sería algo así como estudiar todos los aspectos de la conducción, leyes de tránsito, mecánica del automóvil, etc. Sin jamás ponerse detrás de un volante y salir a conducir. Además debemos recordar lo que dijimos antes, la maestría viene con la experiencia, esto quiere decir que es muy bueno tener conocimientos teóricos previos sobre un tema determinado, pero, serán las diferentes situaciones que se nos vayan presentando una y otra vez, las que nos irán otorgando conocimiento y destrezas asociadas al "éxito" de determinada tarea.

Difícilmente seremos expertos en algo en nuestras actividades diarias, empleos, estudios, tareas, etc., de manera teórica, (aunque sabemos que hay algunos por ahí que creen que sí), la teoría es la preparación, la acción es lo que la completa.

Destacaremos en la medida que logremos encontrar un sano equilibrio entre la teoría y la práctica de nuestras actividades. Solo la acción práctica nos permite ir corrigiendo errores y fallas que se vayan presentando en el camino, esas fallas por lo general no vienen escritas en las teorías, hay que vivirlas, para poder aprender y elevar nuestros desempeños futuros.

Si en determinado momento, te invade la pregunta: ¿Por qué no he logrado tal cosa? Revisa cuidadosa y conscientemente, si tus acciones han sido las correctas, si conoces el tema que quieres resolver, es decir, si posees información de calidad acerca del mismo y si pasaste de la teoría a la acción de manera realista. Podemos haber leído miles de libros de cocina, pero en los mismos la comida no se quema, ni la cebolla te hace llorar, para cocinar hay que poner las ollas al fuego, preparar los platillos, equivocarse hasta encontrar el punto exacto. Eso es la acción.

Mensaje 11

La Habilidad De Producir

Durante este ciclo de mensajes dedicados a revisar los aspectos más relevantes de la vida profesional y laboral, hemos hablado hasta ahora de varios puntos importantes para mejorar el desempeño de las actividades que realizamos día a día, con la finalidad de volvernos más completos, abarcando la mayor cantidad posible de puntos críticos que durante algún tiempo nos pueden haber pasado por alto o sencillamente habíamos descuidado en nuestros caminos previos, los cuales se reflejan irremediablemente en los resultados que deseamos obtener.

Hoy empezaremos un pequeño ciclo de mensajes dedicados a uno de los temas más representativos de la vida laboral: **La productividad**. Desglosaremos varios de los componentes asociados a este tema por separado y veremos como de la correcta aplicación de cada uno de ellos, se pueden obtener resultados sorprendentemente positivos donde antes existían grandes carencias.

Para empezar es necesario aclarar que, lo que nos motiva a hablar de este tema tan complejo, es en primer lugar, valorar la capacidad de producir (En todos los aspectos de la vida) que tenemos los seres humanos y no apenas revisar los procesos productivos desde una óptica meramente económica o empresarial, la que es apenas un eslabón más de la cadena productiva que queremos estudiar.

Deseamos hacer hincapié en este punto, pues en los días de hoy, cuando se habla de producción, existe la tendencia casi inmediata a ver el tema como algo propio de la economía, del mercado, del empresariado, etc., encadenado a la frialdad de los números. Veremos que no es tan así, la producción de la que hablamos aquí está en primer lugar vinculada a nosotros, a la manera cómo podemos llegar a ser más productivos, sin importar en realidad si trabajamos para un jefe o somos trabajadores independientes.

Toda nuestra vida está inseparablemente vinculada a miles de procesos productivos, desde nuestra concepción, hasta después de nuestra desaparición, somos fábricas de producir, no apenas desde el punto de vista físico, además, nuestras "realidades" estarán modeladas por la cantidad y calidad de la producción de nuestros procesos mentales y de nuestras creencias en todos los ámbitos de nuestras vidas.

Siendo así, nos queda claro que cuando nos refiramos a la palabra "Producir" estaremos hablando de una infinita gama de opciones. Simplemente, aprenderemos a identificarlas, para luego enfocarnos en cada una de ellas e intentar seguir los métodos más adecuados para lograr la mayor efectividad posible en cada una de las áreas que deseemos mejorar y volvernos más productivos.

Somos productores de todo aquello que tenemos en nuestra vida. Desde cada una de las células de nuestro cuerpo, órganos, estados de salud, amistades, amor, dinero, entorno, nuestro camino, bienes materiales, etc. En fin, de todo. Contrariamente a aquello que pudiésemos creer, el proceso productivo económico, dista muy poco de todos los demás que mencionamos. Por ejemplo, crear alegría y bienestar para nuestra vida, sigue prácticamente los mismos procesos que el de crear determinados bienes o servicios, además, están expuestos a las mismas evaluaciones para determinar fallas en los procesos y corregir u optimizar dichos procesos para poder obtener mejores resultados.

Se nos ha hecho creer que somos responsables de mejorar la productividad y la calidad de un televisor, pero casi nadie acepta la idea que podemos mejorar la calidad y la producción de aquello que nos entrega alegría.

Hemos hablado en muchas oportunidades de la ley de correspondencia: "Como es arriba es abajo, como es abajo es arriba, Como es adentro es afuera, como es afuera, es adentro…" Cuando alguno de los objetos que usamos deja de sernos útil, intentamos mejorarlo, buscamos mejores maneras de producirlo para que sirva de mejor manera a nuestras necesidades o requerimientos actuales, pues bien, con los aspectos **no materiales** de nuestra vida deberíamos (y podemos) hacer exactamente lo mismo, pero para ello tenemos que empezar por romper los viejos paradigmas que gobiernan nuestros sistemas de creencias.

Mensaje 12

Producir Nuevas Realidades

Seguiremos hablando de la posibilidad real que disponemos todos los seres humanos de crear realidades acordes a las necesidades de cada momento. Seguramente cuando decimos esto, nos vendrán a la mente todos aquellos momentos y situaciones desagradables que nos han sucedido a lo largo de nuestras vidas y nos preguntaremos ¿Fui yo quien creó todo esto?

Aquellos momentos de enfermedad, de malestares terribles, de grandes carencias económicas, de problemas en nuestros trabajos o la falta del mismo, problemas en nuestras relaciones personales, en fin toda una gama de situaciones desagradables que en determinados momentos nos alcanzan a todos por igual. Por supuesto que mientras estamos pasando por esas realidades nos resistimos a pensar que de alguna manera podamos ser nosotros los responsables de todo eso.

Para ayudarnos a entender el funcionamiento de este proceso, debemos establecer algunas analogías que nos permitan ver con mayor claridad cómo funcionan los mecanismos organizadores del Universo y como se ven reflejados en nuestras realidades. Todos nosotros tenemos la tendencia a ver el presente como la única realidad que disponemos, por consiguiente tenemos también la tendencia a olvidar todos aquellos aspectos de nuestros comportamientos que nos hicieron llegar hasta este hoy. Hasta este "aquí y ahora". Hay que recordar que: "**Las realidades siempre se cambian en el presente**", por lo tanto, aquello que hicimos en el presente de ayer, (días, meses o años atrás) irremediablemente se verá reflejado en determinado presente del futuro, (días, meses o años adelante).

Cuando algo nos perturba en nuestro presente, somos más propensos a pensar que esta es una realidad "inevitable" en la que no tuvimos ninguna participación, olvidamos todos aquellos actos realizados en nuestros "días pasados" en los que no hicimos lo correcto o dejamos de hacer lo que era necesario en ese momento, creyendo que esto no tendría mayor repercusión más adelante. ¡Parece que no era así!

Lo cierto es que todas y cada una de nuestras acciones presentes, voluntarias o no, deseadas o no, se verán reflejadas más adelante en nuestra "realidad". Sabemos y comprendemos que este concepto es muy difícil de entender por muchos de nosotros, pues fuimos educados en base a viejos paradigmas religiosos y sociales en los cuales somos apenas velas que se mueven al viento que nos sople, si es de bien, nos irá bien y si es de mal nos irá terrible, pero en ambos casos, nada de eso es nuestra responsabilidad...

Todas las grandes corrientes de iluminación han comprendido a lo largo de la historia que existe un delicado equilibrio entre lo visible y lo no visible que debe ser cuidadosamente tratado para mantener un camino limpio y productivo en la vida de cada ser humano. Vivimos momentos muy apresurados y mucha buena gente cree que las cosas funcionas como recetas mágicas de un día para otro, que si hoy hago algo bien, mañana recibiré los frutos de mi trabajo. El factor tiempo en el Universo funciona a un ritmo muy distinto al que tenemos grabado en nuestras mentes, nuestro tiempo es limitado, el del Universo es infinito. Lo que nosotros consideramos mucho tiempo, para el tiempo universal es un suspiro.

Crear nuevas realidades es por tanto, un trabajo de tiempo completo, de ensayo y error, de ir corrigiendo a medida que vayamos viendo que lo que estamos recibiendo no es aquello que deseamos. No se planta un árbol un día y se comen sus frutos al día siguiente. Existen muchas especies de frutos y cada uno de ellos tiene su tiempo propio de crecimiento y de cosecha. Del mismo modo lo tienen nuestros deseos y nuestras realidades, ninguno funciona por igual, cada uno es como un árbol al que primero hay que plantar, luego cuidar y esperar hasta que produzcan frutos. También habrá épocas en que un mismo árbol produzca mucho y otras no tanto o nada.

Cuando decimos entonces que podemos crear nuestras realidades, debemos tomar en cuenta que cada uno de nuestros actos es en sí una pequeña semilla que plantamos en nuestro terreno, y si tiramos una semilla a la tierra, aunque no queramos que crezca, esta seguramente germinará si las condiciones son las ideales, esto funciona para todo por igual, aspectos positivos o negativos. Es por esto que debemos tener especial cuidado con aquello que generamos, pues se manifestará tarde o temprano en nuestra realidad…

Mensaje 13

Cosechamos Aquello Que Sembramos

El título de este mensaje parece extremadamente obvio, sin embargo, muchas buenas personas se sorprenden al darse cuenta que están cosechando cosas y situaciones, las cuales pensaron no haber sembrado jamás. Esto se debe a que posiblemente no lo recuerden por no haberlo hecho de manera consciente o voluntaria, sino en modo automático, la verdad eso significa muy poco o nada, de ahí la importancia de tomar consciencia de aquello que hacemos y sobre todo de aquello en lo que creemos.

Como mencionamos en los mensajes anteriores tenemos la habilidad de producir nuestras propias realidades en todos los aspectos de nuestras vidas, desde los sentimientos que experimentamos, hasta la forma como trabajamos y convivimos con los demás seres de nuestros entornos.

Sabemos también que es este un concepto que suele traer algo de confusión a algunas personas que siguen prefiriendo no tener la responsabilidad de todo aquello que les sucede, ya que para ellas es mucho más cómodo poder achacar sus realidades (especialmente los aspectos negativos) a la suerte o a cualquier otra serie de entidades ajenas a ellas mismas.

Lo cierto es que, cosechamos aquello que sembramos, sea esto, aspectos positivos o negativos, agradables o desagradables, vamos por la vida con un saco lleno de semillas de todo tipo (guardados en nuestro cuerpo como pensamientos y creencias) que vamos esparciendo, como dijimos, a veces sin estar conscientes de ello, por los diferentes terrenos que vamos recorriendo en nuestra existencia, algunas de esas semillas germinan muy rápido, otras tardan semanas, meses e incluso varios años, pero lo cierto es que voluntaria o involuntariamente somos los artífices de todo aquello que crecerá en nuestros campos. (Nuestras vidas)

También, como en toda cosecha, habrá años mejores y años peores, grandes producciones o escasez, ciertas cosas solo se podrán producir en determinadas temporadas y otras crecerán fácilmente durante todo el año. Lo que sí es invariable, es el hecho que todo lo que crezca en nuestros terrenos habrá salido de nuestra propia mano, una vez más, seamos o no conscientes de ello.

En nuestros días cuando queremos comer algo sencillamente vamos a una tienda de abarrotes y compramos los productos necesarios para saciar nuestro deseo. Muchas personas incluso llegan a pensar que las cosas están en el supermercado como por arte de magia, que aparecieron allí así como así. Pues no, cada uno de los productos de ese local, vivió su propio proceso completo de producción, así mismo, cada vez que nos encontramos con nuevas situaciones en nuestra vida, debemos tener muy en cuenta que cada una de ellas también vivió su propio proceso de producción y que nosotros, en muchos casos, solamente llegamos a ser "consumidores" de cosas que ya están creadas y que fueron producidas fuera de nuestra responsabilidad, pero una vez que las consumimos de inmediato pasan a formar parte de nuestra realidad, nosotros le otorgamos ese poder.

Por lo tanto ya sabemos que bien seamos nosotros los productores de lo que consumimos o bien seamos meros consumidores, en ambos casos somos los responsables de lo que incorporemos a nuestra dieta y de las consecuencias que tales actos puedan traernos, positiva o negativamente. Si consumimos veneno no podremos culpar a quienes lo produzcan de los daños que puedan causarnos, la responsabilidad de consumirlo será nuestra.

Estas analogías llevadas a la vida cotidiana nos enseñan que al igual como sucede con nuestro cuerpo físico, sucederá con los aspectos mentales, sentimentales y espirituales de nuestro ser, con aquello que lo alimentemos se verá reflejado en cada uno de los aspectos de nuestras vidas, pues siempre cosecharemos aquello que sembremos para cada uno de ellos.

Debemos hacer mención especial a nuestras creencias, pues todas ellas, las buenas, las malas, todas, son ideas que han sido grabadas en nuestras mentes, no son reales, nosotros las hacemos reales al creer en ellas, son semillas que vamos tirando ante todo lo que nos sucede, la mayoría de ellas, fueron instaladas en nuestro subconsciente por otras personas, (padres, maestros, sociedad, etc.), por eso ni las cuestionamos, mucho menos las cambiamos, pues la mayoría de las veces ni siquiera las identificamos.

Pero en realidad, "somos aquello en lo que creemos", de ahí la importancia de la toma de consciencia, de la revisión honesta de nuestros viejos sistemas de creencias para corroborar si siguen estando vigentes o cuáles de ellos ya quedaron obsoletos, pues son estás las semillas que mayormente germinarán a lo largo de nuestras vidas.

Mensaje 14

La Arquitectura de Nuestras Propias Vidas

(Primera Parte)

A lo largo de nuestros ciclos de mensajes hemos ido hablando de una serie de temas relacionados en primer lugar con el YO (Nosotros mismos) y en esta segunda etapa con temas relacionados con el funcionamiento y mejoramiento del mundo laboral o profesional. Como seguramente habrán notado, estos dos aspectos (el yo y el grupo) van prácticamente de la mano a lo largo de nuestras vidas. Es decir, aquellas personas que logran construir un monumento sólido de sus vidas personales (su yo), seguramente tendrán mucha más estructura para enfrentar los sismos de la vida exterior sin desmoronarse.

Hemos hablado muchas veces que todo en la vida está en perfecta relación, aquello que se ve, con aquello que es invisible, lo grande con lo pequeño, lo de arriba con lo de abajo, etc. Muchas veces somos nosotros mismos los que no logramos entender esas relaciones, en la mayoría de las ocasiones por la forma como somos educados y por la gran cantidad de paradigmas y creencias a los que nos encadenan nuestras culturas y sociedades en las que crecemos y nos desarrollamos.

Existen muchos artículos en la red donde se dan gran cantidad de recetas para ser personas creativas, positivas, etc. y lograr construir una vida propia aceptable. En este momento nosotros preferiremos hablar de las bases, los fundamentos, de los aspectos que se deben tener en cuenta siempre para no caer en las trampas del día a día, más que de dar consejos sobre cómo deben hacerse las cosas, pues esto habrá de ser un trabajo personal y difícilmente las recetas se puedan aplicar a todos los casos por igual.

Consideramos que para ser verdaderamente felices y realizadas, las personas deberían convertirse en **"arquitectos de sus propias vidas"**, más que ir por la vida siguiendo patrones y ayudas genéricas que en muchos casos poco o nada tienen que ver con su camino personal. Es en este momento en el que intentamos ser los arquitectos de nuestras propias vidas donde empezamos a "chocar" con los viejos patrones que nos programan, es difícil obtener resultados nuevos y provechosos, aplicando las mismas viejas herramientas con las que fuimos educados. Estas herramientas seguramente tuvieron su tiempo y no dudamos que algunas de ellas hasta puedan haber sido útiles en determinado momento, estamos seguros que muchas de ellas dejaron de servirnos en la actualidad y nos mantienen "encadenados" a cosas en la que ya no queremos seguir creyendo.

Vivimos en sociedades que hacen hasta lo imposible para que todos seamos lo más parecidos posibles unos con otros, meras copias de patrones establecidos por quién sabe quién. Que todos tengamos más o menos los mismos deseos, las mismas necesidades, los mismos sueños, pues esta es la manera más sencilla de controlarnos y hacernos meros consumidores de cosas que seguramente no necesitemos.

Primero se crean un sinfín de falsas necesidades que hacen que las personas en las sociedades contemporáneas se endeuden hasta más no poder, para luego ese mismo mecanismo ofrecerle las soluciones "mágicas" y "secretas" para salir adelante y "triunfar" en la vida. Es fácil identificar el gran círculo vicioso que esto encierra.

Aquellos que de verdad deseen seguir viviendo esa ilusión, que la disfruten. Pero, desde ya les decimos que difícilmente se encontrarán recetas "mágicas" de nuevos caminos, lo verdaderamente seguro para iniciar el cambio es en primer lugar "salirse" de ese círculo vicioso y empezar caminar por nuestro propio sendero.

Debemos tener muy en cuenta que vivimos en sociedades que están científicamente estructuradas para ofrecernos la ilusión de una posible felicidad total y al mismo tiempo mantenernos lo más infelices que les sea posible, pues este tipo de personas son las más fáciles de manipular en todos los aspectos, son robots que responden automáticamente a los deseos perversos de quienes mueven las cosas en los diferentes ámbitos de poder de nuestro mundo.

Esto lo saben bien quienes mueven a las grandes masas: los políticos, los medios de comunicación, las religiones, los sistemas de educación, las ciencias, etc.

Ahora bien, como nosotros, existe una gran cantidad de personas que no están muy satisfechas con sus "realidades mágicas" y que han decidido convertirse en los arquitectos de sus propias vidas, no usando patrones preestablecidos, no luchando tampoco contra el sistema, pues no hace falta ser muy inteligente ni sabio, para darse cuenta que cuanto más reaccionemos ante este sistema que nos gobierna, más indefensos y vulnerables nos volveríamos, el sistema es tan nefasto que está diseñado en primer lugar para protegerse y perpetuarse de todo y todos los que luchen contra él. No acepta con alegría que se quieran introducir cambios en él, mucho menos que se lo quiera modificar o corregir.

No intentamos aquí comenzar ningún tipo revolución en contra del sistema, sabemos que eso no funcionaría. Jamás funcionó. Pero sabemos también que la mejor manera de "luchar" por algo es creer que eso que buscamos es posible y avanzar hacia ello con convicción, sin pelear contra nada, el camino se abrirá tarde o temprano.

Lao Tse, dijo: *"Tu sigue a tu naturaleza, si ella encaja con la sociedad, no hay necesidad de ir en contra, si ella no encaja con la sociedad, no hay necesidad de que te adhieras a la sociedad, hay una diferencia entre la persona rebelde y el reaccionario, el reaccionario es alguien que va en contra de la sociedad en cualquier circunstancia, incluso si la sociedad está en lo correcto, mientras que la persona rebelde es alguien que no se preocupa por* *la sociedad en absoluto, simplemente vive según su ser más profundo, sigue su ser, si la sociedad encaja con su ser bien, ella se adhiere a la sociedad, no es reaccionaria, si la sociedad no encaja con su ser interior, se queda sola, no es una persona tradicional, su criterio depende de su alma interior…"* *

* Tomado del video Cuando Lao Tse Dejó Estupefacto A Confucio. (YOUTUBE)

Mensaje 15

La Arquitectura de Nuestras Propias Vidas

(Segunda Parte)

En la primera parte de este mensaje nos referimos a la importancia de convertirnos en los constructores de nuestros propios caminos, de usar las herramientas que disponemos para diseñar y construir aquello que deseamos a lo largo de nuestro viaje personal, también mencionamos que para lograrlo es esencial empezar por abandonar viejos patrones de conducta que nos mantienen presos a ideas y conceptos obsoletos.

Para entender mejor el principio que se encierra en este mensaje podemos establecer una analogía sencilla pero poderosa para ilustrar esta idea. Si queremos mudarnos a una casa nueva, empezamos por buscar las opciones que nos ofrece el mercado, dependiendo de factores como el tamaño, el presupuesto del que disponemos, la ubicación, etc. Son muchos los elementos que entran en juego a la hora de tomar la decisión de buscar una nueva casa, pero si lo que buscamos es "algo" que ya esté construido, difícilmente encontraremos aquello que llene nuestras expectativas al 100%.

La diferencia que existe entre comprar una casa ya construida y adaptarnos a vivir en ella o diseñar y construir una casa nueva de acuerdo a nuestras propias necesidades o deseos, es la misma que existe entre vivir una vida prediseñada y la de construirnos la vida que deseamos.

Lo importante a destacar en este mensaje es el hecho que, si deseamos ser los responsables de nuestras vidas, debemos empezar por dejar de lado todas aquellas cosas "genéricas" que no nos pertenecen; empleos, relaciones, carreras, etc., vivir cualquier camino que no sea aquel que deseamos para nosotros tarde o temprano nos conducirá a la infelicidad. Esto requiere una gran dosis de honestidad para con nosotros mismos.

Tampoco es necesario en todos los casos esperar a alcanzar todos los elementos ideales para empezar a vivir la vida que deseamos, podemos conseguir un terreno adecuado a nuestros deseos, comenzar de a poco a construir nuestra propia casa y poco a poco ir construyendo aquellos ambientes que nos agraden, ampliando o cambiando el diseño original de acuerdo como vayamos avanzando y a lo que nuestra realidad nos vaya exigiendo.

Un punto crucial para lograr los objetivos que deseamos es dejar de tomarnos las cosas con tanta seriedad, con tanta rigidez; saber jugar, saber cambiar, saber adaptarse a las circunstancias. La rigidez suele ser mala compañera para lograr nuevos objetivos libres de los viejos hábitos, enfrentar los diferentes caminos de nuestras vidas con una buena dosis de juego puede ayudarnos a romper los viejos paradigmas que nos encadenan a lo conocido.

Más adelante conoceremos nuevos conceptos que nos ayudarán a enfrentar las diferentes tareas de nuestras vidas con nuevas perspectivas y energías. Avanzando de etapa en etapa como lo hacemos cuando jugamos distintos juegos hasta alcanzar la meta.

Mensaje 16

Cualquier Momento Es Bueno

En nuestra cultura, las épocas navideñas a lo largo de nuestra historia han estado siempre cargadas de balances para definir el año que se va y de hacer otra gran cantidad de planes para el año que va a comenzar. Muchos toman estas fechas como el cierre de un ciclo y el inicio de otro, lo hacen como referencia para dejar registro de cómo nos pareció el año que vivimos y de algún modo, "corregir las cosas" para así, en el nuevo año conseguir todos aquellos aspectos en los que nos pareció fallar o no haber logrado lo que buscábamos.

Incluso existe la costumbre de hacer toda una gran gama de rituales para pasar y recibir al nuevo año, con los cuales las personas esperan lograr obtener los mejores resultados para cada uno de sus "deseos". Lo cierto es que, en una gran cantidad de casos, los rituales y los planes de fin de año quedan en el olvido muy poco tiempo después de pasadas las fiestas y en la mayoría de los casos, lo que se escribió nunca se revisa durante ese año.

Desde luego que son muchos los factores que han influido en nuestra idiosincrasia para que esto ocurra, la mayoría de estos ritos y hábitos, tal vez inspirados por preferencias comerciales o religiosas que se fueron transmitiendo y diversificando en varios países y entre muchas personas que ciertamente hoy, con el pasar del tiempo, siguen repitiendo estos actos año tras año, sin tener muy claro el por qué lo hacen.

La planificación y los rituales de fin de año por si solos no tienen nada de negativos, el problema tal vez está en la forma mecánica de realizarlos que se ha instalado en muchos de los casos. Realizar cualquier ritual genérico, sin ningún tipo de relación con nosotros mismos, sin creer en ellos y más aún sin la más mínima fe, simplemente porque mucha gente los practica, seguramente en muy poco o nada podrá cambiar o mejorar nuestras vidas.

En realidad, para querer cambiar y mejorar las condiciones de nuestras vidas cualquier época es buena, desde que lo hagamos sinceramente y con el más profundo deseo en nuestras mentes y corazones, si optamos por hacerlo en la época navideña, no deberíamos dejarnos llevar por la magia del momento para olvidarlos poco tiempo después.

Establecer deseos y trabajar enfocados para hacerlos realidad debe convertirse en una tarea de tiempo completo, desde el momento en que sentimos que algo en nuestras vidas no va por el camino que deseábamos, debemos tener la claridad para redefinir nuevos propósitos y buscar la forma más idónea de hacerlos materializarse en nuestra realidad.

Empecemos entonces por revisar cuantas de las cosas que hacemos cada año realmente no nos pertenecen o simplemente no creemos más en ellas y limpiemos nuestras mentes de rituales sin sentido para concentrarnos si, en todo lo que en verdad es importante para nosotros, aquello que va en función de mejorarnos, de ayudar a mejorar la integración con los demás, tanto en nuestras relaciones profesionales como afectivas y sociales, a mejorar nuestro entorno, con ello les aseguramos que todos los días del año se convertirán en el mágico inicio de un muy posible feliz año nuevo para cada uno de nosotros.

Mensaje 17

Integrando Las Individualidades

En un mundo laboral cada vez más competitivo se hace extremadamente necesario encontrar nuevas y más efectivas formas de colaboración entre las partes que conforman una empresa, pues por estos días ningún trabajo se basa exclusivamente en el producto aislado de cada individuo, más si, en el esfuerzo conjunto, organizado, bien integrado y motivado de todos los integrantes del grupo de colaboración, esto es conocido con el nombre de Sinergia.

La Sinergia por lo general, nos muestra un fenómeno en el que participan varios actores, factores o influencias, creando así un efecto o resultado muy superior al que se podría haber logrado por las simples actuaciones individuales. Se alcanza un efecto superior generado por la acción conjunta e integrada, que difícilmente ninguno de los individuos hubiese podido alcanzar en caso de la acción por separado.

"Sinergia procede de un vocablo griego que significa *"cooperación"*. El concepto es utilizado para nombrar a la acción de dos o más causas que generan un efecto superior al que se conseguiría con la suma de los efectos individuales."

Debemos entender que el hecho que ocurra un efecto de Sinergia en una empresa jamás implica que sus participantes deban abandonar su individualidad, (aquello que los hace ser únicos), sino que se busca encontrar resultados que extiendan las cualidades de cada uno de los elementos individuales; es caso entonces para decir que, en la Sinergia se valorizan las diferencias de las partes cuando se logran nuevos resultados obtenidos a partir del entendimiento entre elementos bien diferentes, lo cual más allá del ámbito estrictamente laboral o profesional, puede y debe aplicarse a la sociedad y la vida humana en general.

Como siempre nos gusta hacer, estableceremos analogías para explicar de una manera más sencilla este concepto de la Sinergia; al igual que en un reloj de precisión, cuyas piezas por separado no podrían dar la hora, por muy avanzadas tecnológicamente que fuesen, cuando todas las piezas se engranan y colocan en el lugar adecuado, el conjunto pasa a funcionar de manera óptima; lo mismo ocurre con los grandes equipos de futbol, el llenarse de estrellas no siempre garantiza los mejores resultados, sin embargo equipos de menor presupuesto y con menos cantidad de figuras de renombre muchas veces logran obtener mejores objetivos, pues consiguen integrar de manera óptima sus individualidades, en las que cada una de ellas, realiza lo mejor de su trabajo y de manera colectiva obtienen mucho más de lo que podría lograr cada jugador de manera aislada.

La correcta integración de dos o más personas en la búsqueda de un mismo objetivo, logra producir un efecto sinérgico; debido a la propia riqueza que la variedad nos entrega, se logran resultados muy superiores a los que serían posibles por cada una de las partes aisladas.

Al no existir dos individuos idénticos, es seguro que los aportes de cada integrante de un grupo determinado sean únicos, los cuales potenciarán las acciones del resto y les entregarán nuevos recursos.

Lo opuesto de sinergia es antagonismo (o sinergia negativa), fenómeno por el cual dos o más factores en combinación tienen un efecto resultante menor que la suma de los efectos esperados, e incluso esos efectos eventualmente podrían anularse.

Mensaje 18

Esas Extrañas Conexiones

A lo largo de nuestras vidas vamos interactuando con mucha gente en distintos ámbitos de las mismas, desde que somos estudiantes, hasta que luego empezamos a trabajar son muchas las personas y condiciones comunes con las que nos toca compartir gran cantidad de experiencias. Por supuesto, la convivencia humana no siempre fluye de la manera más sencilla, surgen todo tipo de conflictos, diferencias de toda clase que a veces se vuelven insoportables, puntos de vista y de intereses que marchan en direcciones distintas que pueden dificultar por momentos el logro de equipos de trabajo integrados y que terminan en gran cantidad de oportunidades en diversos fracasos empresariales o laborales.

En los días de hoy es sumamente difícil para cualquier persona lograr grandes resultados en cualquier tipo de actividad de manera aislada. Podríamos decir que nadie triunfa solo. Cada vez más, independientemente de nuestra calidad o talento profesional y de aquello en lo que nos desempeñemos, se hace más importante el saber interactuar de manera correcta con la mayor cantidad y variedad de personas, pues esto aumenta significativamente nuestras posibilidades de éxito en el futuro.

Mucha gente pone una importancia desmesurada en su formación profesional por encima de todo, incluso a veces dejando en un plano aparte lo concerniente a saber tratar a las personas con las que se deben convivir durante el horario de trabajo (y no solo). Esto genera que nos encontremos muchas veces con personas muy preparadas, pero al mismo tiempo muy poco educadas. Es muy común encontrar profesionales muy prepotentes en casi todos los ámbitos empresariales, esto, aunque a veces muy disimulado, va generando descontentos que pueden terminar en conflictos desagradables que bien podrían ser evitados, con una dosis sensata de buena educación.

Uno de los regalos más bellos que nos entrega el Universo, es la gran cantidad, casi infinita, de posibilidades de conocer e interactuar con casi todo tipo de personas, sin que esto deba significar necesariamente que tengamos que llegar a verlos como enemigos o rivales, lo correcto incluso, sería exactamente lo contrario. Si lo pensamos bien, en muchas oportunidades a lo largo de nuestras vidas, las mejores soluciones a determinado problema han llegado de personas que muchas veces no conocíamos o de algunas que por algún motivo habíamos pasado por alto, teniéndolas muchas veces cerca de nosotros todos los días.

Podemos decir que una de las barreras más grandes de la creatividad para resolver situaciones es en primer lugar cualquier tipo de prejuicio, esas etiquetas que ponemos a aquellos que ni siquiera conocemos, nos alejan de posibles aliados para lograr nuestros objetivos. Un verdadero líder, o persona exitosa, es aquella que sabe lograr resolver la mayor cantidad de situaciones buscando siempre encontrar lo mejor de cada quién en favor del todo, con respeto y humildad.

Alguien me dijo alguna vez en mi vida "Jamás consideres grande a aquel que te haga sentir pequeño" y esas palabras se convirtieron para mí en algo muy importante.

Busquemos entonces la manera de aprender a respetar a todas y cada una de las personas que nos rodean, a pedir su ayuda sin complejos, a darles la oportunidad de brillar, a verlos como aliados y veremos de inmediato como nuestro mundo empieza a mejorar día a día, incluyéndonos nosotros mismos.

Ejercicio Capítulo II

Describiendo lo Observado

Todos nosotros tenemos la capacidad de comunicarnos, unos mejor que otros. Hay quienes agregan muchos detalles a lo que ven y eso va a depender del grado de interés y de conocimiento previo que tengamos sobre el tema. Por ejemplo, si no me gusta la arquitectura y yo no tengo conocimiento sobre construcciones antiguas, posiblemente al ver una catedral construida en el siglo XV la describa en forma genérica y sin muchos detalles, transmitiendo así, mi falta de interés y de conocimiento sobre el tema.

Por otro lado, la persona que recibe esa información también estará ligada al conocimiento e interés previo, y le dará mayor o menor grado de importancia a la información recibida, pudiendo agregar más detalles a esa genérica descripción y también creando un mayor interés en ver detalles relevantes.

Así pues, la comunicación es un tema que puede ser relevante o no dependiendo de la información previa, y es por eso que las empresas, para nivelar el conocimiento, realizan capacitaciones y entrenamientos continuos que hacen que las personas que pertenecen a un mismo equipo, puedan entenderse utilizando el mismo lenguaje de forma natural.

Con este ejercicio, se pretende ayudar a incrementar el nivel de detalles expresados en la comunicación entre un emisor y un receptor. Cuántas veces hemos escuchado en la oficina frases como: "tu no me dijiste, eso no fue lo que yo entendí, a mí nadie me dijo, eso está difícil, etc."

Para este ejercicio, todo el equipo debe separarse en parejas. Una vez que cada uno este con su pareja, solamente uno de ellos deberá estar mirando hacia el proyector o el pizarrón y el compañero quedará completamente de espaldas. Cada pareja debe sentarse en sillas juntas una de frente y otra de espalda al pizarrón, y con algo de distancia con respecto a las otras parejas.

Una vez sentados, en el proyector o pizarrón se mostrará o dibujará una figura geométrica, como puede ser un triángulo, un círculo, rectángulo, etc., y por último, se agregarán las medidas de algunos ángulos y líneas. Un ejemplo de este dibujo podría ser algo así:

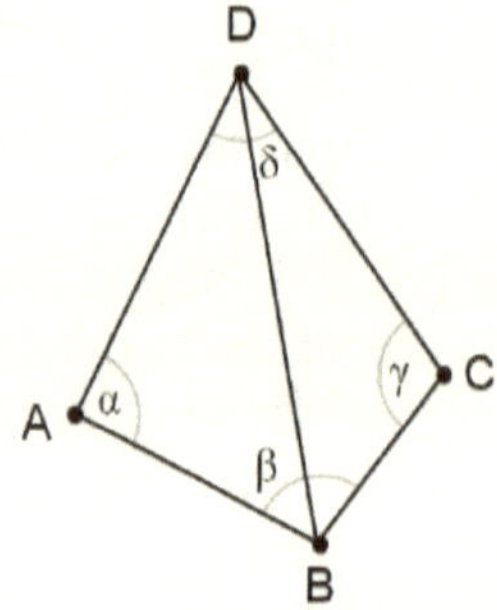

Estime al menos 3 minutos como tiempo máximo, y al contar 3, 2,1, la persona que está mirando el pizarrón deberá explicar la figura a su compañero que está de espaldas, este, deberá dibujar lo que le entiende a su compañero.

Una vez pasados los tres minutos, haga que la persona que está de espaldas mire al pizarrón y compare su dibujo con el proyectado. Deje que las parejas discutan sobre lo que puedan haber fallado.

Luego de esta figura, cambie de posición a las parejas, ahora el que estaba de espalda es quien estará describiendo la figura y viceversa. Repita el ejercicio con una figura geométrica un poco más complicada:

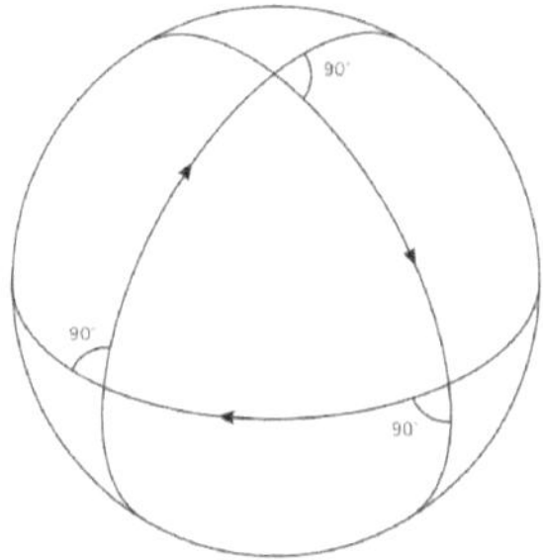

Repita el proceso con otras figuras como:

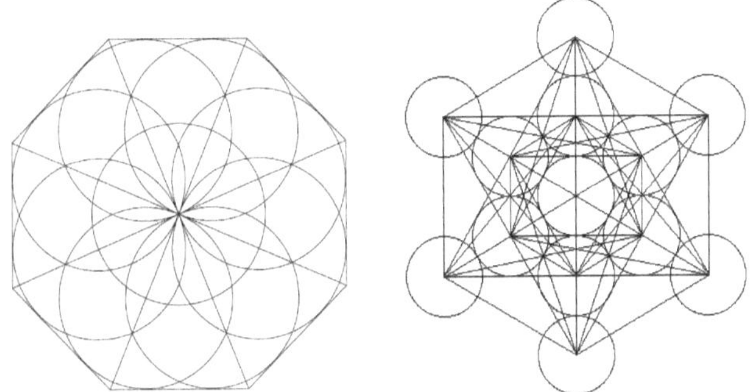

Como pueden ver, una figura geométrica puede ser tremendamente compleja de explicar; sin embargo, el detalle de la observación es lo único que puede describir lo que se está viendo.

Repita tantas veces estas imágenes como considere, cambiando de parejas y con música de fondo, para que sea algo realmente entretenido y se logre el objetivo de entender cómo puede ayudar la descripción de los detalles cuando se desea transmitir una idea o información fidedigna.

Capítulo III

Productividad y Personalidades

"Ser productivo depende de quien lo realiza,
Su conocimiento y sus habilidades"

Mensaje 19

Programas De Acción Afirmativa

En el tiempo actual y en prácticamente todos los países del mundo los ambientes de trabajo se han desarrollado y han evolucionado hacia la búsqueda de información más clara y eficiente, y son cada vez más escasos los grupos de trabajo homogéneos y por consiguiente, más frecuentes aquellos donde se notan grandes diferencias (especialmente culturales) entre sus integrantes, debido a la cantidad de profesionales que buscan nuevas oportunidades en diferentes países.

Una revolución demográfica relacionada con la expansión de las redes globales, afecta a las organizaciones que rompen las fronteras internacionales con cada vez mayores índices de diversidad en sus ambientes de trabajo, y las relaciones entre las empresas con mayor diversidad se ha visto incrementada a través de fusiones, joint ventures y adquisiciones entre las empresas. Los responsables de estas empresas deben volverse más proactivos con respecto a la interacción, la confianza y la comunicación entre sus empleados, dadas las grandes diferencias interculturales generadas en estas nuevas empresas, para poder así, garantizar la cooperación exitosa entre sus miembros.

Los Programas de Acción Afirmativa (AAP – Afirmative Action Programs) son elementos gerenciales diseñados para garantizar la igualdad de oportunidades en el empleo, incluyendo programas de acción de buena fe, afirmativos y "proactivos", orientados a reflejar en el mercado una relación exitosa entre sus miembros, e invita a los administradores de las empresas a qué tomen acciones afirmativas para emplear a personas pertenecientes a grupos minoritarios los cuales están protegidos por la ley, al menos de Estados Unidos.

Según Landy y Conte, El término "diversidad" es una referencia a las diferencias o a la variedad de los miembros de un equipo de trabajo o sociedad. Puede separarse en dos áreas: **demográfica** y **psicológica**.

La diversidad demográfica se refiere a las diferencias sobre los atributos observables como la edad, el género y la raza de cada individuo. La diversidad psicológica se refiere a la diferencia de los atributos personales como son las destrezas, habilidades, personalidades, actitudes, creencias y valores, así como antecedentes funcionales, ocupacionales y educativos de los mismos individuos.

Debido a esta diversidad actual en los equipos de trabajo, se han desarrollado Programas de Acción Afirmativa, siendo uno de los sistemas más exitosos que las organizaciones pueden implementar para ayudar a corregir la discriminación y aumentar la homogeneidad en los equipos de trabajo.

Los PAA operan en dos áreas principales por intermedio de medidas activas para asegurar igualdad de oportunidades en la educación y en el empleo. Sin embargo, existen corrientes a favor y en contra de la aplicación de estos programas. Por un lado, han ayudado a mejorar la integración educativa y profesional de muchas personas que antes se mantenían alejadas o discriminadas, y por otro lado, muchos analistas consideran que los excesos en su aplicación, de alguna manera, los convierten en otra suerte de forma de discriminación.

Nosotros nos enfocaremos aquí en la parte central, en la manera equilibrada y racional de su aplicación en el ámbito laboral por parte de los responsables o líderes de las empresas. Es un hecho que aquellas empresas que han manejado bien sus AAP han sido exitosas en sus campos, reconociendo la realidad de las organizaciones que los gestionan, siendo más rentables que aquellas que aún no integran estos programas en su funcionamiento.

Los nuevos grupos que trabajan con la diversidad de sus integrantes tendrán mayor éxito si el ambiente que los conforma es abierto, justo e incluyente; y serán más propensos a fallar si son cerrados, injustos, y exclusivos. Para gestionar la diversidad es importante incluir aspectos relevantes como el reclutamiento, la selección de las personas, la formación, la motivación, y el proceso que los conlleva, esto se debe a que las organizaciones exitosas deben cubrir los aspectos de la Afirmación Positiva en todos sus niveles eliminando así, los prejuicios y las prácticas discriminatorias del pasado, para de esta manera, lograr reducir o mejor, eliminar por completo, los conflictos que surgen de una incorrecta interacción por parte de grupos muy diferentes de personas en un mismo ambiente laboral.

De igual manera, muchos empleadores buscan a veces personas con el mismo perfil que sus grupos, ya que piensan que es más fácil que se adapten a los ya existentes, sin embargo, en un mercado global como el actual, donde muchas personas viajan o se cambian de país más fácilmente, y donde las culturas aportan y enriquecen al crecimiento de la organización, es interesante que esta nueva "forma de aceptar" o incluir a personas con diferentes culturas, conocimientos y de grupos minoritarios, sean consideradas y bienvenidas, como parte del crecimiento y enriquecimiento de la organización.

Mensaje 20

Los Efectos Del Estrés

Hans Selye (1956-1976) fue un científico y doctor en medicina y química, que inició los primeros estudios sobre el estrés, haciendo una distinción entre el estrés bueno y el malo. En las organizaciones, el estrés se considera un elemento universal que es experimentado por casi todos los empleados y afecta a las personas de una manera física, psicológica y conductual.

El estrés se produce en cualquier situación en la que existe un nivel de presión basado en objetivos que son difíciles de cumplir. Estos niveles fueron clasificados por el Dr. Selye en dos tipos: **Eutres y Distres**.

El eutrés es el estrés bueno e implica el nivel estándar de preocupación que permite la concentración y el deseo que una persona tiene de hacer un trabajo y alcanzar sus objetivos, se considera bueno porque nos motiva a seguir adelante. Un individuo puede alcanzar el nivel de distrés o angustia como resultado de una situación preocupante o problemática que es perdurable en el tiempo y parece no tener solución, lo que, finalmente baja las defensas del organismo y causa una enfermedad; es una situación con un alto nivel de preocupación que no se detiene o no tiene una solución en un corto período de tiempo.

Con el fin de reducir el estrés y ser más eficientes, las organizaciones deberán tomar acciones para proporcionar un mejor ambiente de trabajo, ofreciendo a los empleados oportunidades y variedad, disminuyendo la dilación, animando a sus empleados, promoviendo la participación, y ayudando a sus colaboradores a manejar el tiempo de manera efectiva más efectiva.

Durante el curso de la vida, el tiempo que pasamos en el trabajo es muy significativo y está directamente relacionado con el estrés. En las organizaciones que los empleados no son tratados de manera adecuada, se produce menos satisfacción y el nivel de presión aumenta constantemente causando dificultades para alcanzar los objetivos y esto hace aumentar los niveles de estrés dentro de los equipos.

El Dr. Selye llamó la progresión del estrés como un síndrome general de adaptación con tres etapas: Reacción de alarma, resistencia y agotamiento. La reacción de alarma es cuando el organismo reacciona ante un evento y libera los componentes químicos que lo prepara, entonces el aumento de la frecuencia cardíaca y las hormonas como el cortisol y la adrenalina son liberados.

En la etapa de resistencia, el organismo se enfrenta a la causa de estrés, pero deja de lado otros factores que también pueden causar daños. En cuanto al agotamiento de la disminución de resistencia y sin protección, el agotamiento y la enfermedad severa puede crecer e incluso conducir a la muerte.

Cuando un empleado es capaz de manejar correctamente la presión en el trabajo, hay una alta probabilidad de completar correctamente las tareas asignadas y luego el estrés se convierte en un factor motivador.

La satisfacción de los empleados es un requisito vital para que las empresas sean sanas y el nivel de la relación entre el estrés y los empleados va a generar el nivel de satisfacción de los empleados. Cuando funciona como agente motivador, los resultados son el aumento de la creatividad y satisfacción, y la disminución de aburrimiento, lo que produce un mejor ambiente de trabajo para toda la empresa.

Mensaje 21

Productividad De Equipos De Trabajo

Un equipo es un grupo de personas que colaboran juntas para realizar una tarea y lograr los mismos objetivos. Hay tres aspectos principales que definen a un quipo: el contexto, la identidad y el trabajo en equipo.

El contexto se refiere al grupo de personas que pertenecen a una organización, la identidad está representada por los miembros del equipo que sienten que pertenecen a la misma, y el trabajo en equipo es la colaboración que significa hacer tareas con fines comunes.

En primer lugar el equipo debe desarrollar un plan teórico que comprenda todos los pasos del proceso a cumplir, procedimientos y aspectos del trabajo para el equipo y luego a través de la ejecución de las tareas específicas, hacer los ajustes necesarios para documentar y registrar un plan real.

Durante el proceso de re-estructuración, fusión o adquisición de una empresa, los líderes detectan algunos problemas que los equipos actuales necesitan mejorar. Los temas incluyen: Falta de expectativas realistas, las estrategias se han desarrollado en un corto tiempo, mala planificación, no hay personal calificado para llevar a cabo tareas específicas, los mensajes de los administradores acerca de las metas no han sido claramente entregados, el talento de las personas no se ha considerado y hay choques culturales entre los miembros de un equipo.

Es importante entender cómo trabajan los equipos en una empresa donde ya se ha producido una re-estructuración, con el fin de abrir el camino por lo que finalmente la empresa pueda tener equipos exitosos. Hay tres objetivos principales que la empresa necesita en este momento. El aumento del liderazgo, desarrollo y planes mejor enfocados con objetivos concretos y el aumento de la comunicación a través de reuniones más frecuentes y efectivas.

En un proceso de re-estructuración, la combinación de las diferencias culturales y las malas decisiones con respecto a la integración de los recursos humanos puede llevar al fracaso de la organización. Además, prioridades desequilibradas de los directores de los diferentes departamentos, mientras que en los que manejan los recursos humanos cuentan con baja atención y financiamiento, contabilidad y producción reciben el foco principal de atención, esto hace que los equipos no sean productivos ni exitosos.

Durante el proceso de integración de los recursos humanos es donde se generan la mayoría de los problemas, y éstos incluyen: el derroche de talento de las personas, la mala comunicación, falta de liderazgo y una gran cantidad de diferencias culturales.

El trabajo en equipo se ha considerado como complejo, adaptativo y dinámico, en el cual se crea un ciclo de proceso entre las personas y su entorno. Este ciclo se divide en tres partes: de **entrada, proceso y salida** (I-P-O: Input, Process, Output), y proporciona una manera de entender cómo los equipos puedan trabajar con un alto rendimiento.

La eficacia del equipo se basa en esta lógica formulado por McGrath en 1964. La entrada se refiere a las características individuales del contexto de la organización en tres niveles diferentes, incluyendo: individual, trabajo en equipo y organización. El proceso se refiere a la combinación de los recursos que los miembros del equipo realizan para resolver las tareas; y finalmente la Salida, que representa el resultado del proceso y que sirve principalmente para tomar decisiones.

Con el fin de ejecutar el proceso, es importante mantener las normas, la comunicación, la coordinación y el procedimiento de trabajo coherente para tomar las decisiones correctas en la salida. Este último implica tres pasos; el rendimiento obtenido después de la finalización de la tarea, las necesidades satisfechas, y la voluntad de los miembros para ser parte del equipo, esta incluye la productividad, la innovación y el bienestar.

I-P-O es una progresión lineal y en algunos casos para los recursos humanos se ha considerado ineficiente y limitada ya que puede disminuirla creatividad de los miembros del equipo, contiene fallos de retroalimentación al ser una trayectoria lineal de una manera en la que se crea el resultado sólo por el contexto de la entrada.

Con el fin de evitar cualquier problema de personalidad y utilizar el ciclo de retro-alimentación, se han añadido componentes adicionales a la fórmula para una mayor eficiencia en la transformación de I-P-O hacia IMOI, donde P de proceso se sustituye por M de factor mediador y una I de entrada se añade al final. Por lo tanto, la fórmula completa incluye: **Entrada, Mediador, Salida, Entrada**

El proceso se puede cambiar mediante la adición de factores mediadores y la razón se debe a que los factores pueden añadir actividades más explicativas que ayudan a entender la variabilidad del rendimiento del equipo y la viabilidad de su aplicación. La última entrada significa la retroalimentación que hace que el proceso sea cíclico. La eliminación de los guiones significa que los vínculos entre cada uno de ellos no son lineales sino condicionales.

Mensaje 22

La efectividad de los equipos de trabajo

Los equipos son conjuntos formados por individuos que tienen tareas interdependientes, trabajan juntos y comparten responsabilidades para resolver problemas y se centran en los mismos objetivos. Los grupos, por otro lado, son personas que pueden trabajar juntas o simplemente compartir recursos, pero que no están vinculados a través de metas o cualquier estructura organizacional.

Los equipos durante los últimos cincuenta años han demostrado su importancia en distintas ramas de actuación, como por ejemplo, en conflictos, en los deportes, durante emergencias y los desastres naturales, ayudando a la gente, coordinando actividades y obteniendo en todas ellas resultados increíbles.

Hay tres puntos importantes que afectan a la productividad de los equipos de trabajo, estos son: la modernización de las empresas, las personalidades de los miembros del equipo y la gestión de conflictos.

La modernización de las empresas puede llevarnos a niveles extremos positivos o negativos, de los cuales podemos mencionar la fusión entre dos empresas lo que produce un análisis de las posiciones de trabajo con una consecuencia de personas que quedan sin trabajo; sin embargo, el ámbito positivo nos lleva a pensar que la modernización es producto de un avance mundial y del desarrollo que todos los países y economías necesitan a través de las grandes, medianas y pequeñas empresas, es por eso la importancia de que los equipos de trabajo se mantengan al día con la información, los cambios tecnológicos, las nuevas teorías, y la forma de asegurar una mayor productividad.

Sobre las personalidades de los miembros del equipo, se piensa que las personas con una personalidad extrovertida son más adecuados o acertados para trabajar en estos entornos abiertos, ya que son personas que son más comunicativas y desarrollan redes cada vez mayores a las posibilidades de hacer más oportunidades de negocio. Sin embargo, el resultado se obtiene a través del equipo de trabajo y no de un individuo que forma parte de un equipo. Las personalidades deben ser variables, para así tener diferentes puntos de vista en cada tema y tomar todas las precauciones y análisis posibles. Cada personalidad va a cumplir un rol y un objetivo en el equipo.

Otro aspecto a analizar es la gestión de conflictos en los equipos. Un estudio de meta-análisis de De-Dreu& De Vliert en 1997, mostró una relación negativa entre un conflicto, el rendimiento y la satisfacción de los miembros del equipo. El resultado mostró que el conflicto afecta el desempeño del equipo de una manera mayor cuando se producen problemas complejos. Aun cuando en estudios previos se pensaba que los bajos niveles de conflicto podrían ser positivos, se explicó durante ese estudio, que cuando las personas se enfrentan a problemas, pueden aprender a verlos desde diferentes perspectivas y ser más creativos, obteniendo finalmente resultados con un nivel más alto de aportes y de resultados simples y productivos.

Cualquier persona tiene la capacidad de trabajar en grupo, y ese grupo puede convertirse en un equipo si los roles de cada integrante se definen por separado.

Mensaje 23

La clave es el equilibrio

En el mensaje anterior hablamos de una manera resumida sobre la efectividad de los equipos de trabajo y como existen factores determinantes para lograrla. En primer lugar debemos tener muy presente los tres factores de mayor incidencia que afectan a la productividad de los equipos de trabajo: La modernización de las empresas, las personalidades de los miembros del equipo y la gestión de conflictos.

La modernización de las empresas, influye significativamente en la formación de equipos de trabajo efectivos, pues al vivir actualmente en un entorno empresarial que está continuamente evolucionando, esto ha creado empresas que no solo son inadecuadas sino que no se adaptan bien a los cambios rápidos. Las empresas tienden a ser cada vez más "abiertas", las viejas formas de trabajo están prácticamente extintas en los días de hoy, al menos para aquellas empresas que desean poder competir a altos niveles de excelencia, por lo tanto esto implica una nueva manera de interacción para los nuevos integrantes de los nuevos equipos de trabajo.

Estas nuevas maneras de interactuar en las empresas o roles, nos llevan al segundo punto que deseamos evaluar: las personalidades de los miembros del equipo.

Es muy evidente que en el momento que cambian las condiciones de trabajo (en el pasado eran generalmente más aisladas, es decir las personas trabajaban en departamentos más rígidos y generalmente hasta en oficinas o módulos cerrados, sin mucho contacto con los demás integrantes de una misma empresa), las personalidades de los integrantes pasan a tener un papel mucho más protagónico que en el pasado, sobre todo para aquellas personas con rasgos más introvertidos.

Debemos tomar en cuenta que la mayor integración de personas de culturas y formas de pensamiento diferentes son factores comunes en casi todos los países, con lo que aumentan las posibilidades de conflictos entre los integrantes de los equipos de trabajo, se hace entonces imprescindible crear figuras que sean capaces de gestionar los mismos.

Las mismas dos condiciones anteriores nos llevan al tercer punto a destacar, el equilibrio.

Podríamos afirmar, que a medida que el equipo aprende a trabajar unido, los roles se establecerán de forma natural, ya que sus integrantes se familiarizaran y armonizaran con sus habilidades, ya sean técnicas, sociales, o emocionales, las cuales inciden directamente en el desempeño del equipo. Al mismo tiempo, cada integrante irá eliminando su posición individualista convirtiéndose en un rol positivo, aumentando su eficiencia.

Según Meredith Belbin deben existir nueve roles en los integrantes de los equipos que incluyen todos los aspectos a tomar en cuenta cuando un equipo realiza una tarea. Por ejemplo, imagine que su equipo de trabajo está formado por 5 personas, y deben realizar un proyecto, como puede ser preparar un almuerzo para 20 personas:

En este proyecto, deberá existir uno o varios cerebros, que son las personas que identifican la logística y los puntos críticos con sus soluciones, por ejemplo ideas de horarios para que todos lleguen temprano, cuando servir la comida para que este caliente, etc.

Igualmente, el investigador de recursos, que es la persona que podrá definir dónde y cuándo comprar los productos necesarios de forma más económica y de mejor calidad, que pregunten a otros a ver cuál es el mejor menú para la ocasión, y entreguen ideas al equipo para discutirlas.

El coordinador tomará las ideas, hará una lista de actividades y asignará las actividades por cada uno para hacerlas eficientes. Luego establecerá el programa de seguimiento, supervisión y retroalimentación.

El impulsador, no dejará que nadie se escape o haga nada incorrecto, tendrá el conocimiento de lo que hace cada uno y los motivará a que realicen sus tareas a tiempo.

El implementador trabajará junto al coordinador, revisando que se cumplan las tareas al momento que sean establecidas y cooperará en definir las nuevas estrategias caso algún problema surgiera de por medio.

El finalizador no puede esperar a que se sirva la cena con todo listo, se preocupará de los detalles que todo esté limpio, ordenado, en su lugar, así mismo, llamará a quien sea necesario para que arregle algo que pudiese estar mal.

Finalmente, el especialista dice qué plato se sirve con que salsa, que carne con que vino, a qué horas se sirven unos platos u otros. Fue el que escribió el menú en el perfecto orden de ejecución.

Mensaje 24

Los roles de equipo
(primera parte)

El inglés Meredith Belbin, especialista en formación de equipos formuló su en teoría sobre roles la participación de nueve roles diferentes en los equipos de trabajo eficientes. Sin embargo un individuo puede asumir varios de estos roles:

1. El cerebro, posee una personalidad creativa que resuelve problemas difíciles, pero no tiene las habilidades para comunicarse de manera efectiva.
2. El Investigador de recursos, es quien genera entusiasmo y un interés excesivamente optimista tras el impulso inicial, así como también analiza que recursos existen para lograr el objetivo y plantea la forma de obtenerlos.
3. El coordinador es el líder y tiene el objetivo de aclarar las personalidades, hace participar a los miembros, delegando el trabajo de manera apropiada.
4. El impulsor, que es dinámico, desafiante y pone presión, proporciona la energía necesaria para asegurar que el equipo se mantenga en movimiento sin perder el impulso.
5. El monitor evaluador es el estratega, exigente y tiene la capacidad de inspirar a los demás, proporciona una visión lógica y realiza juicios imparciales cuando son necesarios cuando surgen distintas opciones para el equipo.
6. El cohesionador o trabajador de equipo, es buen oyente cooperativo, diplomático y bueno, ayuda al equipo a sentirse más unido, identifica el trabajo requerido y logra realizarlo en nombre del equipo.

7. El implementador es disciplinado y eficiente, ayuda a planificar estrategias prácticas y factibles y las lleva a cabo de manera productiva.
8. El culminador o finalizador está ansioso por buscar el error y tiende a preocuparse en exceso, ayudar a pulir los trabajos buscando los errores y los somete a los más altos estándares de control de calidad y por último,
9. El especialista que es persistente y dedicado, tiene conocimientos en las áreas claves para el desarrollo del equipo de trabajo y está muy orientado técnicamente.

La Importancia de Separar los Roles

Los Roles de Equipo también se utilizan para identificar las fortalezas y debilidades del comportamiento de las personas en el entorno laboral. Esta información se puede utilizar para construir relaciones laborales productivas, seleccionar y desarrollar equipos de alto rendimiento, incrementar el autoconocimiento y la eficacia personal, generar confianza y comprensión mutua y ayudar en los procesos de reclutamiento y selección de personal.

Los roles de equipo se manifiestan de manera aleatoria dentro de cualquier organización de trabajo, cabe a los líderes de cada una de ellas, ejercer la tarea de identificarlos y de otorgar a cada una de los miembros uno o varios roles que le ayuden a sacar lo mejor de sí mismos, en función del mejoramiento del equipo de trabajo.

El aprendizaje es un proceso constante y necesario del ser humano y esta es precisamente la principal característica de las Organizaciones Inteligentes, una organización que aprende continuamente, expande su capacidad de adaptación y asegura su permanencia en el mercado y los programas de entrenamiento son una vía para ello.

Las personas que se inclinan o se dan cuenta de sus roles, deben incluir el dominio personal de sus características, los modelos mentales que se tengan y que conforman una visión compartida entre todos los miembros del equipo, que permite ir en función de los objetivos empresariales, contribuyendo con un aprendizaje en equipo que propicia la flexibilidad y el intercambio, lo que es muy importante al ser el equipo la célula fundamental de la organización.

Mensaje 25

Los roles de equipo
(segunda parte)

Diversos conceptos manejados por las empresas han ido cambiando con el paso del tiempo. El concepto de organización ha ido modificándose, ya no se conciben de una manera rígida, vertical, sin participación, sino por el contrario, la participación de los trabajadores se ve como una necesidad para poder subsistir a los cambios constantes del medio, llegando a hablar de "Organizaciones Inteligentes" u "Organizaciones que Aprenden".

Compartir diferentes roles en un equipo provoca un mayor entendimiento entre las personas y que las expectativas generales sean más reales, razón por lo cual es menos probable que se produzcan decepciones. Los roles de equipo principales de una persona son los que más aprecian las otras debido a que su desarrollo y desempeño se realiza con entusiasmo y de manera natural, lo cual se debe a que son las funciones y habilidades donde tenemos una mayor probabilidad de alcanzar el éxito.

Este método ofrece la vía para conocer los diferentes estilos de trabajo que tienen las personas que integran los equipos de su empresa. De esta forma, le permitirá conocer los puntos fuertes de cada uno de ellos y así obtener los mejores resultados en los proyectos en los que participen, optimizando en consecuencia los resultados de los proyectos.

Un rol es individual, personal, referido al comportamiento, y que contribuyen con la tarea de relacionarnos con otras personas en el grupo de trabajo. Son estos comportamientos los que barajan el juego de relaciones que se dan en la vida del grupo y se diferencia significativamente de los roles funcionales.

Los roles funcionales hacen referencia a la ejecución del trabajo en sí mismo, provienen de una amplia red de expectativas sociales y poseen un alto grado de racionalidad. "Tú esperas que yo haga tal cosa, bien… Yo la haré o no a cambio de… etc."

Nuestro interés radica en que es un aspecto estrechamente relacionado con la eficacia de los equipos de trabajo, que tanto interesa en las organizaciones y con la transformación que el líder formal está sufriendo en función de la importancia de la participación del empleado más allá de las tareas operativas.

¿Qué obtenemos al identificar los roles de cada persona en un equipo?

Es difícil trabajar eficazmente con personas sin contar con unas expectativas razonables sobre cómo van a desempeñar su trabajo. La autopercepción y las valoraciones de los evaluadores muestran cómo se siente una persona y cómo se comporta en grupo.

Conocer la distribución de estos roles de equipo es crucial para comprender el funcionamiento de un equipo de trabajo o directivo.

Los miembros del equipo son diferentes en sus capacidades (inteligencia, habilidades, conocimientos y experiencias). La composición del equipo toma en consideración, especialmente, la complementariedad que enriquece al equipo y hace que éste sea más competitivo. Tiene en cuenta, igualmente, las exigencias de la tarea y el nivel de autonomía interna que se quiere para el equipo.

Una buena distribución de los roles en el equipo favorece la conciencia de complementariedad entre los miembros del equipo, la superación de las rivalidades internas en el equipo, la participación de todos los miembros en la formación de un equipo competitivo. El desarrollo de las habilidades de las personas, la motivación de los miembros del equipo.

Es importante tener claro que, aunque algunos de los roles de equipo pueden parecerse, sin embargo, son diferentes. Es difícil trazar una frontera entre algunos de los roles. Son una forma útil de comprender y mejorar el trabajo en equipo. En nuestro caso para incorporar a la persona a nuestro proyecto no sólo en función de sus cualidades y destrezas personales, sino también en función de la aportación que pueden hacer o esperamos que hagan en el grupo al que se incorporen.

También puede ser posible que las personas cambien su conducta para adaptarse a situaciones distintas con sus roles secundarios.

"Todo el mundo es un genio. Pero si juzgas a un pez por su habilidad para subir a un árbol, vivirás toda tu vida creyendo que es estúpido" *Albert Einstein*

La personalidad es uno de los factores que influye sobre nuestro comportamiento. Sin embargo, hay muchos otros factores que influyen sobre el mismo. Una persona se puede considerar a sí misma tímida, pero si se le da la oportunidad de liderar un equipo puede resultar enérgica y asertiva a la hora llevar al equipo hacia los objetivos pretendidos. En este caso, la personalidad queda subordinada a los factores externos - el cambio en el entorno laboral que saca a la luz una manera diferente de comportarse.

Por ejemplo, en un caso extremo en que exista un desastre

natural como puede ser un terremoto, un maremoto, o un incendio, que afecten a muchas personas o familias, muchos equipos de rescate o individuos que se habían comportado de una cierta manera, pueden cambiar su patrón de comportamiento y volverse más productivos, extrovertidos y eficientes, ya que al tener un nivel diferente de adrenalina y cortisol que son los que producen el estrés, se cambian los patrones de conducta regulares.

Ejercicio Capítulo III

Identificando los Roles

Durante este ejercicio, estaremos identificando a los integrantes de los equipos según los diferentes roles que puedan cumplir.

El primer paso, es separar a todo el grupo en grupos más reducidos de 4 o 5 personas. Por ejemplo, si el total de personas es 20, pueden separarse en 4 grupos de 5 personas o 5 grupos de 4 personas. Para esto vamos a escribir en un pizarrón o un papel una columna por cada grupo:

Grupo 1   **Grupo 2**   **Grupo 3**   **Grupo 4**

Lo primero es identificar las diferentes personalidades y roles. Entonces, todas las personas que se consideren líderes pueden anotarse en grupos separados:

Grupo 1   **Grupo 2**   **Grupo 3**   **Grupo 4**
Líder 1   Líder 2   Líder3   Líder 4

Y así sucesivamente por cada tipo de personalidad o rol como son por ejemplo: introvertidos o pensantes (cerebros), los que toman acciones (trabajadores), los que supervisan y controlan (finalizadores), los que coordinan (coordinadores), los motivadores (impulsor), al analítico (investigador), etc.

Este ejercicio puede parecer complicado al principio, ya que una persona puede considerarse con más de una característica y estar equivocado, por lo que el resto de las personas deberán ayudar a clasificar a cada una, generando lo que se conoce como feedback 360, donde la opinión deuna persona sobre si misma deberá ser aprobada por el resto de las personas que pertenecen a la organización.

Al finalizar, se van a separar los 4 o 5 equipos (dependiendo del total de personas) donde cada uno deberá saber exactamente su rol según la lista de roles descrita en el mensaje 22.

Este ejercicio puede servir como base para clasificar previamente a las personas según su rol, pero no pretende sustituir al análisis complejo de roles que se desarrolla a través de la metodología de Belbin.

Al finalizar este ejercicio se habrán creado grupos de trabajo que pretenden ser efectivos. Su efectividad se verá reflejada con los ejercicios posteriores.

Capítulo IV

Quién es Quién

*"Lo bueno puede ser bueno para unos
y malo para otros, y viceversa"*

Mensaje 26

La influencia ética de los medios

Ser ético forma parte de la integridad y la influencia de los medios de comunicación como son: la televisión, el cine y la música, y pueden cambiar la perspectiva de lo que se considera ético o no. Situaciones sin supervisión pueden aumentar la probabilidad de comportamientos poco éticos y cuando no hay políticas de ética formales y no existen unas leyes o consecuencias reglamentarias para tales comportamientos, estos se producen con más frecuencia de lo esperado.

Para entender el origen de los valores sociales, es importante entender los efectos de la violencia doméstica, el abuso infantil y la falta de control de los padres. Los medios refuerzan los patrones, y juegan un papel importante en la violencia que existe en las sociedades, creando un círculo que ha ido aumentando de manera constante. Los niños son influenciados por los adultos, y luego por los medios de comunicación, la observación, la imitación y la modulación de su propio comportamiento.

El contenido sexual y la violencia cómica son peligrosos debido a la coexistencia de sentimientos positivos con otros que sufren. Sólo los niños que han crecido en un ambiente sano, con la participación fuerte y positiva de los padres no actúan con un comportamiento violento, y los medios de comunicación podrían molestarlos pero no lo suficiente para cambiar su comportamiento.

Los medios pueden reflejar los actuales valores religiosos y sociales sólo cuando existe una comprensión de cómo influyen entre sí. Este entendimiento debería lograrse con el nivel de ética y responsabilidad presentado en las prácticas académicas y profesionales. Los medios están influyendo en las religiones y en la sociedad de valores en la formación y evolución de la espiritualidad y creencias.

Los investigadores, estudiosos y periodistas juegan un papel importante ayudando a los niños a entender la vida real. La forma en que la información está representada por los profesionales de los medios de comunicación puede tener implicaciones en los valores culturales, que implica una gran responsabilidad que debe ser manejada con precaución.

Cuando se utilizan la indiferencia o la distorsión de las consecuencias para justificar un comportamiento poco ético, se está generando una falsa realidad, y la difusión exacerbada de la responsabilidad y el etiquetado eufemístico, como una justificación de este comportamiento no ético.

En consecuencia, si crecemos con una visión falsa de la ética, nuestro comportamiento al participar en un equipo de trabajo puede ser no apta para el resto del grupo y traernos consecuencias negativas. Sin embargo, si entendemos que los medio de comunicación nos proveen un mundo irreal de información que nos muestran en algunos casos violencia, groserías, y malos hábitos, y logramos separar lo real de lo irreal y extraer los valores éticos de nuestra educación, estaríamos avanzando en crear un ambiente laboral apto y positivo para desarrollar actividades productivas.

Mensaje 27

La Importancia de los Valores

La importancia de los valores se basa en generar un bien común, donde todos los integrantes reciben un mismo beneficio. Forma parte de crear lo que se conoce como Armonía, donde existe una convivencia sana, que proporciona durabilidad a las relaciones sociales, que en nuestro caso afecta a los equipos de trabajo.

En las sociedades se han impuesto leyes que son utilizadas para mantener el orden y la buena conducta de los ciudadanos, al igual que en las organizaciones. Imagínese una sociedad donde no se castigara legalmente a las personas por robar o matar, sin embargo, si pensamos que todas las personas deberían tener esos valores sociales intrínsecos en su formación, la ley no debería ni mencionarlos, ya que no deberían ocurrir jamás. Los valores deberían ser mucho más fuertes que las leyes de una sociedad donde el respeto entre las personas predomine ante cualquier otro factor siendo este uno de los aspectos más importantes a tomar en cuenta en las organizaciones crecientes y productivas.

Desde que somos niños nos ensenan a socializar, donde existe un proceso de internalización primaria, en la que somos sometidos a solicitar recursos para poder sobrevivir, y donde realmente recibimos valores y estándares sociales y aprendemos a diferenciar lo bueno de lo malo, estableciendo los límites y las consecuencias. Es en esta etapa donde todos los valores deben ser transmitidos ya que en una edad adulta será más difícil incorporar estos valores primarios.

Es aquí donde llegamos a la familia, la cual es la fuente

principal que entrega los valores primarios y es sin duda el medio donde más se aprenden valores siendo que muchos padres tal vez no se dan cuenta de su importancia o no están conscientes de la dimensión de sus acciones, ya que los padres son el modelo de comportamiento para los niños desde su nacimiento hasta la juventud.

Por lo tanto, todo lo que un individuo haga, diga, no diga, o deje que otros digan o hagan, está relacionado con los valores aprendidos en su hogar en su etapa de aprendizaje de valores primarios.

Los valores secundarios se aprenden de los maestros, tutores, en la escuela, incluyendo los compañeros de clase. Es aquí donde cada individuo termina su formación escogiendo seguir el patrón familiar o hacer algunas ajustes que van a ser determinantes para su edad adulta. Entonces algunos valores como la humildad, la honradez, la lealtad, etc., son valores que se aprenden primero en el hogar que luego pueden ser transformados según su nivel de aprendizaje. Por ejemplo, un individuo que no se le enseñó el concepto y el significado de la honradez desde pequeño, si en su juventud se junta con individuos que roban, posiblemente se deje influenciar y exista un cambio en su formación, creando un ciclo negativo en ese valor que será transmitido en forma también negativa posteriormente a sus hijos y no necesariamente a través de las palabras sino de las acciones que ese individuo manifieste.

Cuando los valores son asimilados por un equipo de trabajo en profundidad, siendo que cada individuo posea casi o los mismos valores, se puede decir que ese equipo de trabajo posee un valor especial, ya que la forma de relacionarse y de operación será con un alto nivel de coordinación, comunicación y respeto, lo que entregará una mayor eficiencia y una disminución de errores y de tiempo de ejecución de tareas, donde existe la fusión entre los integrantes y donde las necesidades de cada uno pasan a ser las necesidades de todo el equipo.

Es por esto, que las organizaciones deben hacer un esfuerzo por generar valores internos que todas las personas sean capaces de asimilar rápidamente y que sean afines a sus valores primarios y secundarios, logrando sentirse cómodos, tranquilos, y con un amplio margen de satisfacción y seguridad de que las tareas serán cumplidas sintiéndose satisfechos y parte importante del equipo.

Finalmente podemos decir que un equipo que posee valores bien formados, dicen, resulta invencible.

Mensaje 28

El Doble Filo de los Consejos

Todos nosotros a lo largo de nuestras vidas, en determinado momento, nos hemos sentido algo desorientados con relación a algún tema que no conocemos o controlamos del todo bien y hemos acudido a buscar algún tipo de consejo que nos ayude a superar el obstáculo momentáneo para lograr así encontrar las mejores alternativas de solución para los problemas en cuestión. Esto podría considerarse como algo perfectamente normal y sin duda lo es, hasta el momento preciso en que ya no somos capaces de tomar ningún tipo de iniciativa sin primero consultar con algún "consejero" es decir, nos volvemos algo así como "consejo dependientes".

El escritor francés François de La Rochefoucauld (1613-1680) dijo: *"Es necesario tener tanta discreción para dar consejos como docilidad para recibirlos"*. Los consejos en sí no son ni buenos ni malos, pero si son un arma de doble filo que debemos aprender a manejar para no dañarnos por el hecho de necesitarlos más de lo que deberíamos. La mayoría de las veces que pedimos consejos, lo que hacemos es comparar aquello que nos dicen con aquello que creemos, si ambas cosas son compatibles, aceptamos ciegamente el consejo como "bueno" y lo seguimos, pero en cambio, si el consejo recibido, choca con lo más profundo de nuestras creencias, dudamos automáticamente y seguimos adelante con nuestra idea.

Así que el pedir consejos, en muchos casos, se vuelve más una actividad de chequeo y verificación de aquello en lo que creemos, que la búsqueda concreta de una solución adecuada a nuestras necesidades. Peor aún, que gran cantidad de veces ocurre que los mejores consejos son aquellos que por lo general menos nos agradan, "los buenos consejos son en general los menos agradables", y todos sabemos qué tienden a hacer las personas con aquello que no les agrada, aunque sea lo mejor para ellos.

Debemos ser entonces muy cuidadosos con respecto de a quiénes pedimos consejo y qué tan seguido lo hacemos. También debemos considerar que no hay nada más fácil que dar consejos, son gratis, todo el mundo puede hacerlo en cualquier momento, tal vez por eso mismo, deberíamos desconfiar de ellos y de quienes los emiten con tanta superficialidad, calidad y cantidad no siempre van de la mano en este tema.

Recordemos aquella vieja frase que dice "corrige a un sabio y lo harás más sabio, corrige a un tonto y lo harás tu enemigo", esto es particularmente aplicable a este tema de los consejos, ya que, por lo general, quienes más necesitan de los buenos consejos, son los que tienen más problemas para aceptarlos y comprenderlos, además se ofenden fácilmente cuando aquello que se les "aconseja" va contra lo que ellos creen.

Seamos entonces consecuentes con lo que buscamos, si por algún motivo llegamos a necesitar de pedir algún consejo, debemos conservar la mente abierta como para aceptarlo, de otro modo, es mucho mejor no pedirlo. La palabra final con relación a los consejos siempre será nuestra, por tanto es adecuado y sensato optar por poner en la balanza la mayor cantidad de aspectos que nos puedan ayudar a ponderar determinada situación, si aun así, no somos capaces de encontrar el mejor camino, especialmente cuando el tema que debemos tratar escapa de nuestro conocimiento, entonces busquemos la ayuda más acorde, y hagámosle caso a quién nos la brinde.

Mensaje 29

Tácticas de influencia

En las empresas se hace una constante relaciones entre directivos y empleados, basadas tanto en beneficios individuales, como en beneficios para la organización. Un líder que trabaja para alcanzar las metas de la compañía debe utilizar todas las herramientas disponibles para persuadir a su personal. Líderes y seguidores se influyen unos a otros con un efecto directo sobre el desempeño del trabajo.

El poder de la "Posición" se refiere a una persona que está en un puesto de la gerencia e influye a otros para hacer lo que sea necesario a nivel individual y organizacional. El poder "Personal" se basa en un comportamiento de liderazgo que influye en los seguidores y en los líderes para lograr el éxito. Las tácticas de influencia se utilizan para obtener poder, aumentar el rendimiento laboral, desarrollar buenas relaciones y mejorar la eficacia.

El poder legítimo se logra cuando la tarea que se pidió al equipo para hacer, está relacionada con el ámbito de trabajo del equipo, y la influencia de legitimación táctica es utilizada como una herramienta para ayudar al equipo a lograr su objetivo. Después, el poder para la toma de decisiones en la organización, es usado como una influencia hacia los demás y como una autoridad legítima de la empresa para evaluar a los equipos de trabajo.

Como gerente, el uso de una combinación de diferentes tácticas para influir en los demás, incluyendo tácticas que influyen en la consulta, el agrado y el cambio, siempre sobre la base de un nivel racional y beneficioso para todos los miembros del equipo, puede ayudar a aumentar su eficacia.

Uno de los errores comunes que los nuevos gerentes cometen es tratar de renovar una organización, incluyendo normas, procedimientos y a los empleados, durante su primer mes en la empresa. Una recomendación incluida para evitar los empleados conflictivos, es la introducción de cambios uno a la vez hasta lograr obtener el apoyo y la confianza de los empleados.

Nuevos procedimientos pueden causar estrés de los empleados, especialmente cuando han estado trabajando con el mismo horario durante muchos años, y con actividades personales ya programadas, como las visitas médicas, los niños o el cuidado de los padres adultos mayores, etc. Un horario estricto combinado con altas demandas de empleo puede causar empleados que se vuelvan desmotivados, y que tengan sentimientos negativos hacia la empresa con un alto nivel de impacto en la facturación.

Es por esto que los gerentes y supervisores deben usar consulta de influencia táctica con el fin de discutir y desarrollar un plan entre los directivos y los empleados para alcanzar los objetivos en sesiones de gestión participativa, donde están facultados los empleados. También, una táctica de persuasión se puede utilizar en un nivel racional y no emocional, aceptando diferentes argumentos lógicos, y evitar contradicciones cuando el líder y los miembros del equipo están trabajando hacia el mismo objetivo.

Para aquellos empleados que se sienten desmotivados, la táctica de congraciarse e influir se puede utilizar para cambiar el mal humor de la gente, convirtiéndose en personas amables y pidiéndoles respetuosamente sobre sus requisitos.

Los líderes también pueden utilizar una táctica de influencia ofreciendo una recompensa a sus seguidores por la ayuda obtenida para lograr objetivos. La recompensa puede ser cualquier cosa que haga que los empleados se sientan bien, incluido cualquier cosa de valor, evaluación del trabajo positivo, mejores asignaciones, etc.

El uso de la influencia táctica correcta puede aumentar la productividad, y la recomendación es considerar diferentes tácticas de influencia como la consulta, adulación, o canje, con una mente abierta, y con más comunicación entre directivos y empleados.

Mensaje 30

Equipos Auto-Gestionados
(Primera Parte)

Los equipos auto gestionados (SMT Self-managed teams) y los equipos tradicionales tienen varias diferencias en la forma en que se implementan, y toda la organización puede verse afectada, incluyendo el medio ambiente, la cultura y los procedimientos operativos de las personas.

En una organización que trabaja basada en equipos autos gestionados, el papel de la gente como líderes y seguidores se intercambia con frecuencia, y los individuos ejecutan múltiples funciones que requieren capacidades polivalentes y flexibles para realizar diferentes tareas para el equipo. Por ejemplo la empresa Google Inc., dejó a sus desarrolladores e ingenieros trabajar de acuerdo a su horario, los equipos propios, y por sus propias normas, la obtención de un alto nivel de éxito y con la creatividad suficiente para liderar el mercado de la tecnología.

Para desarrollar un entorno de SMT, se utiliza el empoderamiento y la rendición de cuentas sobre un grupo en lugar de empoderamiento individual. El empoderamiento del equipo contiene cuatro dimensiones, incluyendo: la potencia, significación, la autonomía y el impacto.

La Potencia equilibra el sentido de competencia y auto-eficacia entre los miembros del equipo, en el que la competencia se refiere a un grupo y la auto-eficacia de un individuo. La Significación crea un nivel colectivo de análisis de acuerdo con la experiencia del grupo. La Autonomía crea la libertad, la independencia, y el reparto de la responsabilidad del proceso de toma de decisiones, y por último, el Impacto es significativo e importante para los miembros de SMT, cuando las tareas estén completas y se reciben los comentarios de los miembros del equipo de otra organización con los que se comparte.

Este empoderamiento requiere más responsabilidad de cada miembro porque la definición de la forma en que se organizará y su interrelación con los otros miembros del equipo es personal.

Los Equipos Auto-Gestionados SMT crean una profunda relación con la organización, con otros miembros del equipo, y poseen un fuerte sentido de compromiso, así como aumentan la innovación, la creatividad, la productividad y la eficiencia, los SMT permiten cambios de posición (cross-traininig) con mayor flexibilidad y disminuyen la rotación, el ausentismo, y los costos operativos.

Para ayudar a crecer a un SMT, debe crearse un equipo de alta dirección, responsable de desarrollar el entorno adecuado, cambiar la cultura, la estructura y la capacitación, apoyo y un servicio eficiente para responder a preguntas relacionadas con el proceso de toma de decisiones, motivando y estimulando los miembros del equipo, asegurando el éxito operacional. El equipo directivo debe tener una visión externa de toda la organización para detectar las habilidades, experiencias, proporcionar capacitación, infraestructura y recursos para todos los miembros del equipo con el fin de ayudarles a alcanzar sus metas con atractivos incentivos y motivación con sentido de empoderamiento y el reconocimiento a su desarrollo laboral.

Mensaje 31

Equipos Auto-Gestionados
(Segunda Parte)

Los desafíos del proceso de aplicación de un SMT (Self-Managed Teams) incluyen la resistencia al cambio de los administradores, que se adaptaron a los procedimientos de gestión tradicionales, creando frustración y problemas debido a la rutina y la nueva estructura de experiencia de gestión, siendo a veces demasiado para algunos miembros debido a las nuevas expectativas y responsabilidades de conducta que son requeridas.

Para implementar un SMT con éxito, los procedimientos deben incluir la participación de toda la organización en la nueva cultura para evitar la interferencia de otros empleados. Se deben crear las condiciones apropiadas, y tener un "campeón SMT" como un ejemplo que ya se está trabajando para brindar apoyo a otros equipos. Se deberá trabajar proporcionando los recursos adecuados, capacitando, estableciendo metas e incentivos, seleccionando los equipos para definir los procedimientos de contratación adecuados, evitando el exceso de reacciones cuando se presenta un problema, y analizando cuidadosamente las áreas en las que se tomarán las decisiones.

Para cambiar la función de liderazgo es importante explicar el concepto real de SMT a todos los gerentes y empleados e integrarlos como miembros del equipo. Incluso si SMT no requiere líderes, y todos los miembros del equipo pueden manejar sus actividades con un alto nivel de rendimiento y disciplina para lograr sus metas individuales y de grupo, el proceso de cambio requiere un facilitador del equipo como un líder externo, para ayudar a crear el funcionamiento y las condiciones ideales, resolver problemas complejos, e introducir el concepto de cooperación mutua entre los miembros del equipo.

Una vez establecidos los equipos, la presencia de un líder facilitador externo sigue siendo como una paradoja, porque el concepto SMT define un equipo con la auto-gestión y autonomía en la toma de decisiones, y un líder de equipo puede ser visto como una interrupción en el flujo de información entre los miembros del equipo. Si se necesita la intervención de un líder de equipo externo, tendrá efectos perjudiciales sobre el funcionamiento del equipo y es importante identificar previamente las situaciones en las que un líder debe mediar para ello.

El éxito no siempre está garantizado cuando se introduce un proceso de auto gestión, requiere esfuerzo y el apoyo de todos los miembros y una mente abierta para recibir y poner en práctica nuevos conceptos de operación. Los miembros que se forman pueden llegar a ayudar al SMT durante la transición de una forma de actuar tradicional a una de equipo auto gestionado, y al final los beneficios se verán reflejados en ganancias y la productividad de la compañía, y el crecimiento personal de todos los miembros del equipo.

Mensaje 32

Círculos de Calidad

Más allá de los Equipos Auto-Gestionados

El término equipos auto gestionados se refiere a un grupo de personas totalmente responsables de los resultados de un proceso o proyecto en particular, ofreciendo a sus miembros alto grado de autonomía y de todas las herramientas esenciales para resolver los problemas inherentes a su trabajo. Este grupo también es responsable de la asignación de tareas y por planificar el trabajo. Este es uno de los principales elementos que dan mayor flexibilidad a la estructura organizacional, dadas las crecientes presiones de cambio y capacidad de respuesta a las demandas de los consumidores.

Para que los equipos auto-gestionados lo sean, de hecho, requiere que sus miembros deben ser estimulados y alentados a encontrar soluciones para los problemas, imaginar y proponer nuevas ideas y nuevas formas de hacer las cosas utilizando herramientas como:

Visualización: En una organización, basada en equipos auto gestionados, los empleados pueden visualizar y medir mejor los resultados de su trabajo y tener una mejor percepción del peso de su trabajo durante todo el proceso de producción, lo que facilita la alineación de los objetivos estratégicos en todos los niveles de la jerarquía.

Estructura: Sólo porque un equipo sea auto gestionado no significa que puede trabajar con una estructura nebulosa donde nadie tenga claro quién hace qué. Se necesita estructurar el equipo de la forma más eficiente. Esto dependerá de los negocios de la organización, de la función del equipo y de los individuos dentro de él. Algunos equipos auto gestionados funcionan mejor donde un miembro de desempeñe como líder. Otros son exitosos cuando todos los miembros tienen un estatus equitativo. Sin embargo, el factor de éxito común es que todos tienen claros los papeles y responsabilidades dentro del equipo.

Evaluación: En su valoración del alto desempeño de los equipos de trabajo auto gestionados, el analista de procesos de negocios Dale E. Yeatts resalta la importancia de la evaluación. Al igual que cualquier estructura organizacional, la evaluación es la forma de descubrir hasta qué grado los propósitos y los objetivos han sido logrados. Un factor de éxito crítico para todos los equipos auto gestionados es la habilidad de responder de forma positiva a la evaluación, identificar dónde se pueden hacer mejoras y desarrollar un plan para implementar los cambios necesarios para lograrlos.

Los círculos de calidad: Como "Círculos de calidad" se conocen hoy en día los grupos reducidos de personas que están dirigidos por algún directivo que se reúnen con regularidad para identificar, analizar y resolver problemas que tienen relación directa con la calidad de producción de una empresa. Anteriormente sólo se consideraban los círculos de calidad en favor de la calidad del producto o servicio de una empresa, pero después se logró asimilar la idea de que éstos podían ser herramientas eficaces tanto para la resolución de problemas como para incrementar el nivel de inserción activa y motivacional del personal que conforma cada organización. Las premisas de los círculos de calidad están en la identificación del trabajador con su trabajo, pues al establecerse así se pueden notar mejoras en la producción por medio de significativas mejoras operativas y condiciones laborales. Así mismo, los esfuerzos deben también enfocarse en los programas de organización por medio de una estructura de apoyo que simplifique el beneficio, tanto para los objetivos departamentales como para los organizativos.

Ejercicio Capítulo IV

Desarrollo de Procesos

Para este ejercicio utilizaremos un juego de puzle (rompecabezas) o un juego de lego. Cualquiera de estos dos sirve.

Deberán agruparse según la lista de participantes por grupos creados en el ejercicio anterior ya que, según la teoría, cada uno de estos grupos posee los nueve roles establecidos por Belbin para crear equipos efectivos de trabajo. Hoy haremos un primer ejercicio para reconocer cada uno de estos roles y ponerlos en funcionamiento.

A cada grupo se le entregará un plano con una figura para construir. Este puede ser un plano para la construcción de un puzzle o una figura de lego.

Cada grupo deberá en primer lugar, analizar la figura, y establecer un plan de ejecución para la construcción de la figura.

Dentro del grupo, deberán separarse las funciones: algunos, deberán pensar y elaborar el plan, otros deberán separar las piezas, ya sea por color, forma, tamaño, etc., otros deberán establecer la organización del equipo, otros deberán coordinar que todo funcione según lo planeado, otros la supervisión que cada paso se complete correctamente, y en caso de existir fallas, realizar las correcciones al plan de trabajo, otros que tomen el tiempo transcurrido, el grado de complejidad, otros que ejecuten el plan y finalmente otros que tomen la información sobre cómo se realizó el evento, que problemas hubo y como se solucionaron.

Al final del ejercicio, cada equipo deberá entregar un informe con toda la información incluyendo: la organización del evento, los detalles, y el resultado final, y por último, las observaciones y las mejoras y sugerencias de cómo se deben desarrollar estos proyectos basados en la experiencia adquirida.

Así mismo, con este primer ejercicio quedará demostrado si los roles especificados en la teoría, son aplicables a la realidad. En caso de ser diferentes, sugerimos que cada grupo re-evalúe sus roles y ejecuten nuevamente este ejercicio hasta llegar a un tiempo óptimo en la construcción de la figura.

Capítulo V

Siguiendo el Sendero

*"Desviarse o tomar atajos del verdadero camino nos trae
complicaciones y distracciones innecesarias"*

Mensaje 33

Los egos de un grupo de trabajo

(Primera Parte)

Durante los últimos mensajes hemos venido hablando de la importancia de la formación de grupos de trabajo eficientes y productivos, al igual que la relación de los roles personales en cada uno de esos mismos grupos. Estos aspectos si bien son de gran importancia para lograr engranar grupos cohesionados, son por decirlo de una manera gráfica, "la otra cara de la moneda", pues en todos los casos los grupos estarán siempre formados por personas, individuos que si bien cumplen un determinado rol en sus respectivos equipos, son en primer lugar seres individuales, educados de maneras distintas, cargados con una multitud de sistemas de creencias propias de cada entorno en el que hayan crecido cada una de esas personas y por sobre todo portadores de ese rasgo que hace de las personas seres pasionales, reactivos y muchas veces total y absolutamente irracionales ante las más diversas situaciones del día a día: sus egos.

Es imposible hablar de formar grupos de trabajo (inteligentes) e intentar pasar por alto el papel que desempeña el ego en cada uno de nosotros. Podríamos definir al ego *como la interpretación mental que tenemos de nosotros mismos*, es la "identificación" con aquellos aspectos de nosotros que pensamos tener o carecer y que siempre nos lleva mecánicamente a la comparación y al intentar encajarnos en un lugar más alto o más bajo con respecto a los demás. La mente egotista (la mente del ego) siempre busca funcionar en el pasado o en el futuro, advirtiendo aquello que perdimos o aquello que podremos venir a tener.

Jamás funciona en el presente, porque el presente es la única realidad, y si hay algo con lo que nuestro ego no convive, es con la realidad.

"Las cosas con las cuales nos identificamos varían de una persona a otra de acuerdo con la edad, el género, los ingresos, la clase social, la moda, la cultura, etcétera. Aquello con lo cual nos identificamos tiene relación con el contenido; por otra parte, la compulsión inconsciente por identificarse es estructural. Esta es una de las formas más elementales como opera la mente egotista. La identificación del ego con las cosas da lugar al apego y la obsesión, los cuales crean a su vez la sociedad de consumo y las estructuras económicas donde la única medida de progreso es tener siempre más. Todo aquello que el ego persigue y a lo cual se apega son sustitutos del Ser que el ego no puede sentir" Eckhart Tolle

Pero en realidad el ego no es el problema, es lo inconscientes que somos del mismo, lo que le permite tomar el control y las riendas de nuestra personalidad. "Para el ego, tener es lo mismo que Ser: tengo, luego existo. Y mientras más tengo, más soy. El ego vive a través de la comparación. La forma como otros nos ven termina siendo la forma como nos vemos a nosotros mismos." Esta forma de ver las cosas termina generando siempre un círculo vicioso de inconformidad, ira y negatividad, que es sin lugar a duda la gran causa de disfunción colectiva que vivimos los seres humanos.

La mayoría de las personas se identifican completamente con la voz de la mente, con ese torrente incesante de pensamientos involuntarios y compulsivos y las emociones que lo acompañan. Pero esa voz, es la voz del ego, el que se alimenta de pensamientos, no de realidades, y esos pensamientos son apenas etiquetas que fuimos dando a las cosas a lo largo de nuestra vida, llamándolas de "buenas" o "malas" según sirvieran o no a nuestros intereses del momento. Es decir, esas etiquetas tampoco se corresponden con "la realidad", sencillamente fueron lo que nosotros quisimos interpretar de cada situación en su momento. Es entonces cuando nos damos cuenta que cada vez que decimos "yo", es el ego quien habla, no nosotros.

La mayoría de las personas cree que sencillamente son como son y defienden eso a muerte, sin darse cuenta que en realidad es su ego el que las gobierna. Quizás sea por este pequeño detalle que se vuelva tan difícil intentar formar grupos de trabajo sanos y positivos. El contenido del ego varía de una persona a otra, pero en todo ego opera la misma estructura. En otras palabras, los egos son diferentes sólo en la superficie. En el fondo son todos iguales.

¿En qué sentido son iguales? Viven de la identificación y la separación. El "yo" conceptual no puede sobrevivir sin el "otro" conceptual. Los otros son más "otros" cuando los vemos como enemigos. En un extremo de la escala de este patrón egotista inconsciente está el hábito compulsivo de hallar fallas en los demás y de quejarse de ellos. Al ego le encanta quejarse y resentirse no solamente con respecto a otras personas, sino también a las situaciones. Lo mismo que se le hace a una persona se le puede hacer a una situación: convertirla en enemiga. La implicación siempre es: esto no debería estar sucediendo; no quiero estar aquí; no quiero tener que hacer esto; es una injusticia conmigo. Por supuesto el peor enemigo del ego es el momento presente, es decir, la vida misma.

El ego siempre buscará reaccionar ante cualquier situación o persona que el vea como potencial amenaza, intentaremos en los mensaje siguientes, entregar herramientas que nos permitan "tomar consciencia" de este hecho para poder lograr convertirnos en los pilotos de nuestras mentes. (Continúa en el siguiente mensaje)

Mensaje 34

Los egos de un grupo de trabajo
(Segunda Parte)

Cuando nos quejamos, encontramos faltas en los demás y reaccionamos, el ego fortalece la noción de los linderos y la separación de la cual depende su existencia. Pero también se fortalece de otra manera al sentirse superior. Quizás no sea fácil reconocer que nos sentimos superiores cuando nos quejamos, por ejemplo, de una congestión de tráfico, de los políticos, de la "codicia de los ricos" o de "los desempleados perezosos", o de los colegas o del ex esposo o la ex esposa. La razón es la siguiente. Cuando nos quejamos, la noción implícita es que tenemos la razón mientras que la persona o la situación motivo de la queja o de la reacción está en el error.

No hay nada que fortalezca más al ego que tener la razón. Tener la razón es identificarse con una posición mental, un punto de vista, una opinión, un juicio o una historia. Claro está que para tener la razón es necesario que alguien más esté en el error, de tal manera que al ego le encanta fabricar errores para tener razón. El ego se toma todo a pecho y hace que se desaten las emociones, se pone a la defensiva y hasta puede incurrir en agresiones. ¿Estamos defendiendo la verdad? No, porque la verdad no necesita defensa. El ego siempre confunde las opiniones y los puntos de vista con los hechos. Además, no comprende la diferencia entre un suceso y su reacción frente a dicho suceso. El ego es un verdadero maestro de la percepción selectiva y la interpretación distorsionada. Es solamente a través de la conciencia, no del pensamiento, que se puede diferenciar entre los hechos y las opiniones.

A nivel colectivo, la idea de que "Tenemos la razón y los otros están equivocados" está arraigada profundamente en particular en aquellas zonas del mundo donde el conflicto entre las naciones, las razas, las tribus, las religiones o las ideologías viene desde tiempo atrás, es extremo y endémico. Las dos partes del conflicto están igualmente identificadas con su propio punto de vista, su propio "relato", es decir, identificadas con el pensamiento. Ambas son igualmente incapaces de ver que puede haber otro punto de vista, otra historia de igual validez. Ambas partes se creen poseedoras de la verdad. Las dos se consideran víctimas y ven en la "otra" la encarnación del mal, la han conceptualizado y deshumanizado, y la consideran su enemiga.

Es obvio entonces que el ego, en su aspecto colectivo del "nosotros" contra "ellos" es todavía más demente que el "yo", el ego individual, si bien el mecanismo es el mismo. La mayor parte de la violencia que los seres humanos nos hemos infligido a nosotros mismos no ha sido producto de los delincuentes ni de los locos, sino de los ciudadanos normales y respetables que están al servicio del ego colectivo. Podemos llegar incluso a decir que, en este planeta, "normal" es sinónimo de demente. ¿Cuál es la raíz de esa locura? La identificación total con el pensamiento y la emoción, es decir, con el ego.

La codicia, el egoísmo, la explotación, la crueldad y la violencia continúan reinando en este planeta. Cuando no los reconocemos como manifestaciones individuales y colectivas de una disfunción de base o de una enfermedad mental, caemos en el error de personalizarlos. Construimos una identidad conceptual para un individuo o un grupo y decimos: "Así es como es. Así es como son". Cuando confundimos el ego que percibimos en otros con su identidad, es porque nuestro propio ego utiliza esta percepción errada para fortalecerse considerando que tiene la razón y, por ende, es superior, y reaccionando con indignación, condenación o hasta ira contra el supuesto enemigo. Todo esto es una fuente de satisfacción enorme para el ego. Refuerza la sensación de separación entre nosotros y los demás, cuya diferencia se amplifica hasta tal punto que ya no es posible sentir la humanidad común ni la fuente común de la que emana la Vida que compartimos con todos los seres, nuestra divinidad común.

Los patrones egotistas de los demás contra los cuales reaccionamos con mayor intensidad y los cuales confundimos con su identidad, tienden a ser los mismos patrones nuestros pero que somos incapaces de detectar o develar en nosotros. En ese sentido, es mucho lo que podemos aprender de nuestros enemigos. ¿Qué es lo que hay en ellos que más nos molesta y nos enoja? ¿Su egoísmo? ¿Su codicia? ¿Su necesidad de tener el poder y el control? ¿Su deshonestidad, su propensión a la violencia, o cualquier otra cosa? Todo aquello que resentimos y rechazamos en otra persona está también en nosotros. Pero no es más que una forma de ego y, como tal, es completamente impersonal. No tiene nada que ver con la otra persona ni tampoco con lo que somos. Es solamente si lo confundimos con lo que somos que su observación puede amenazar nuestro sentido del Ser. Todo aquello contra lo cual luchamos se fortalece y aquello contra lo cual nos resistimos persiste.

"Debemos reconocer al ego por lo que es: una disfunción colectiva, la demencia de la mente humana. Cuando logramos reconocerlo por lo que es, ya no lo vemos como la identidad de la otra persona. Una vez que reconocemos al ego por lo que es, es mucho más fácil no reaccionar contra él. Dejamos de tomar sus ataques como algo personal. Ya no nos quejamos, ni acusamos, ni buscamos la falta en los demás. Nadie está equivocado. Es sólo cuestión del ego que mora en los demás. Comenzamos a sentir compasión cuando reconocemos que todos sufrimos de la misma enfermedad de la mente, la cual es más grave en unas personas que en otras. Ya no

*avivamos el fuego del drama que caracteriza a todas las relaciones egotistas. ¿Cuál es el combustible? La reactividad. El ego se nutre de ella.*EckhartTolle

Mensaje 35

Practicando la Comparación Referencial

Existe mucha confusión en el mundo empresarial con respecto a término usado en inglés "Benchmarking", para designar el proceso de comparar referencias, el cual se refiere a una de las prácticas de negocios más populares y efectivas, y no se limita a ningún área en especial ni a un cierto tamaño de empresa. Cuando algunos escuchan el término "benchmarking", creen que es cuestión de admirar al líder, otros piensan en copiar y por lo tanto lo ven como espionaje; en realidad ninguna de las dos ideas es correcta.

Esta herramienta consiste en hacer una comparación entre nuestro negocio y la competencia (tanto directa como indirecta), así como con comercios líderes en otras industrias u otros mercados con la intención de descubrir y analizar cuáles son sus estrategias ganadoras y, de ser posible, aplicarlas en nuestra propia empresa. De hecho, los nuevos modelos de benchmarking recomiendan que no sólo se investigue a los competidores, sino más bien a referentes de liderazgo de empresas, ya sean individuos o agrupaciones e incluso, a personajes ficticios que podrían servir de inspiración.

La definición más común de benchmarking es:

"El proceso sistemático y continuo para evaluar comparativamente productos, servicios y/o procesos de trabajo en organizaciones que evidencien las mejores prácticas sobre un área de interés, con el propósito de transferir el conocimiento de las mejores prácticas y su aplicación."

Los 10 pasos para hacer benchmarking incluyen:

1. Identificar qué proceso, área o producto queremos mejorar en nuestra organización.
2. Identificar las organizaciones que posean las mejores prácticas y ver si efectivamente la comparación pudiera servir.
3. Definir qué indicadores voy a medir.
4. Definir el método para recopilar datos.
5. Analizar la discrepancia de lo medido con mi desempeño actual.
6. Proponer los niveles de desempeño futuro de acuerdo a la comparativa, a las posibilidades y a los agregados de valor.
7. Fijar las metas y tiempos de integración de la nueva práctica.
8. Ejecutar la integración. Es importante señalar que las nuevas prácticas deben ser implantadas dentro de la estructura funcional existente y no convertir todo en una pesadilla de reingeniería corporativa.
9. Medir los resultados.
10. Fijar la periodicidad con la que se realizará el análisis de mejores prácticas, ya que es un proceso de mejora continua.

Es importante señalar que antes de involucrarnos en un proceso de benchmarking, hay que estar seguros de haber buscado todas las fuentes de información que pudieran darnos datos con los cuales pudiéramos hacer cambios.

El Benchmarking se puede describir como un proceso estructurado. La estructura de proceso de Benchmarking suele darse por el desarrollo de un modelo de proceso, paso a paso. Sin embargo, un proceso estructurado no debe agregarle complejidad a una idea simple. Y la estructura no debe interponerse en el camino del proceso.

Mensaje 36

Gestión del Talento

Podemos definir la gestión de recursos humanos con un ejemplo de lo que sucedió en la empresa "Google Inc.". Esta empresa es una empresa líder en tecnología online con aplicaciones y algoritmos de búsqueda de información que ha revolucionado completamente la forma de trabajar en internet.

Google Inc., es una empresa que ha estado en constante cambio, buscando e innovando en nuevas estrategias para crear un sistema eficaz que pueda aumentar la productividad del negocio. Cuando Laszlo Bock comenzó como Vicepresidente de Operaciones de personal de Google Inc., implementó cambios con éxito, utilizando estrategias que se diferencian de otras empresas, logrando el éxito sólo porque su gestión fue diferente de los demás. Las estrategias implementadas anteriormente obligaron a Laszlo a adaptarse y a seguir a los cambios, aunque fueran completamente opuestos a lo que había aprendido.

Los empleados de Google son realmente apasionados por las ideas, pero cuando los empleados se meten en los procedimientos burocráticos, presentando ideas y redacción de informes para otros, esto se vuelve agotador. Debido al tiempo dedicado a la redacción de informes para los gerentes, los conflictos interpersonales aparecieron y la compañía experimentó una desaceleración en el desarrollo, lo que generó la creación de un entorno de trabajo en contra de la cultura de Google.

En el año2002, la empresa comenzó a convertirse en una organización "plana". Los fundadores de Google, Larry

Page y Sergey Brin promovieron el cambio y la compañía comenzó a trabajar con una nueva estructura organizativa, libre de gerentes de ingeniería. Cuando pensamos en una organización pequeña con una jerarquía vertical, es fácil entender que los empleados deben informar a los supervisores, ellos a los gerentes y los administradores a los directores, pero cuando una organización tiene 37.000 empleados, 5.000 gerentes, 1000directores y 100 vicepresidentes con el mismo alto nivel educativo, hay una situación única que requiere una atención especial.

Después que se puso en práctica la nueva jerarquía operativa, se necesitaban nuevos requerimientos de recursos humanos y más cambios incluyendo una estrategia de gestión del talento, definido por Husser (2010) como "la palanca más poderosa para la innovación y el crecimiento en la economía del conocimiento de hoy en día".

Las actividades que contribuyeron a una gestión eficaz de cambio para Google incluyeron: la forma en que los problemas y las cuestiones fueron tratadas, las oportunidades de desarrollo y cambios, el plan establecido con el fin de ayudar a mejorar la eficacia de la organización, la motivación para el cambio, la creación de una visión, el desarrollo de un apoyo político, la forma de la gestión de la transición, y la fórmula para mantener el impulso del desarrollo de nuevos negocios, proyectos, y motivación.

A través de este ejemplo y con todas estas herramientas, visión de futuro, y emprendimiento, las empresas pueden obtener resultados productivos a corto plazo, siguiendo sus patrones organizacionales e instalando esta nueva cultura abierta en sus equipos de trabajo.

Mensaje 37

Preparación para el Cambio

Después que una estructura de jerarquía plana se implementó en Google, se necesitaron más cambios como nuevas estrategias de reclutamiento y retención.

La estrategia de gestión del talento fue necesaria para definir las prioridades y las metas de nuevos recursos humanos, creando así un proceso para gestión del talento, usando sus funciones y brechas, definiendo nuevos roles en el proceso de reclutamiento de recursos humanos, y creando nuevos procesos de intercambio de información.

El objetivo de recursos humanos para la implementación de una estrategia de gestión del talento es reclutar y retener a los profesionales más talentosos en el mercado de trabajo, pero no hay un estándar definido para los programas establecidos sobre la gestión del talento, por lo que cada empresa debe encontrar su camino para ponerlo en práctica, de acuerdo a sus requerimientos.

La superación de la resistencia al cambio

Es difícil pensar que las organizaciones puedan evitar los cambios. Nuevas ideas sobre la eficacia y el crecimiento están siempre en el terreno, y para empresas como Google es uno de los principales objetivos para todos sus empleados.

Los cambios se producen por muchas razones, entre ellas la falta de comunicación, el interés propio, sentirse excluido, falta de confianza, o que las personas no se sientan seguras de sus habilidades o conocimientos y Google desde el principio ha implementado una cultura basada en la innovación y nuevas ideas, donde no hay nada imposible, y para una estrategia de gestión del talento se desarrollaron nuevos beneficios y reglas con el fin de disminuir la resistencia al cambio de nivel, retener todos los empleados, y atraer a otros nuevos, incluyendo procedimientos como la contratación de las personas adecuadas, la mejora de las habilidades de gestión, retroalimentación constante, empoderamiento de los empleados, así como la medición de las estrategias de retención.

Creando una Visión

Al describir la ideología de los valores de Google, encontramos una empresa de desarrollo que requiere que la gente se concentre en su trabajo. La empresa fue creada con una ideología central en la que los empleados deben tener la información correcta y los recursos adecuados para trabajar para desarrollar excelentes productos para el público. Proporcionar todo lo necesario para sus empleados, que serían capaces de enfocarse en la creatividad y la innovación, lo que refleja su declaración de visión.

De acuerdo con esta declaración, el departamento de Recursos Humanos debe estar alineado con la estrategia de negocio, estableciendo una estructura que puede atraer y retener a los mejores candidatos en todo el mundo para trabajar en un ambiente positivo y con beneficios que realmente pueden hacer la diferencia. Debido a que la innovación y la creatividad son unas de las principales fuerzas para todos los departamentos, gerentes de recursos humanos no pueden ser excluidos y deben utilizar las estrategias más innovadoras para alcanzar su objetivo mediante programas de incentivos y paquetes de beneficios no utilizados anteriormente, y las estrategias de desarrollo como la gestión del talento para mantener su excelente nivel.

Mensaje 38

Construyendo el futuro Imaginado

Gestionar los talentos de los individuos que trabajan en una organización significa tener la experiencia y el conocimiento para identificarlos. Esto mismo aplica para el talento de un equipo de trabajo.

Para desarrollar una estrategia de gestión del talento, se deben tomar en cuenta tres claves en torno a este concepto. El primero está relacionado con un cambio de la etiqueta de la gestión de recursos humanos a una gestión del talento, el segundo incluye el desarrollo de reservas de talento con la proyección de los empleados y su gestión de la progresión a través de posiciones, y el último está relacionado con la gestión de las personas. Cuando la gestión del talento se aplica a todos los empleados, incluyendo a los de menor y mayor desempeño, el nivel de la gestión del talento es difícil de calcular de forma individual, esto es porque una identificación sistemática de puestos clave puede contribuir a lograr una ventaja estratégica competitiva enfocada por sobre aquellas posiciones no estratégicas.

La investigación y el desarrollo de productos son las principales actividades de la compañía, y la visión de un futuro para la empresa incluyen el desarrollo de proyectos de manera rápida con resultados rentables. Con flexibilidad en los tiempos y un sistema de flujo de información efectivo, proyectos y personas pueden ser gestionados fácilmente. Además, en un ambiente de equipo multifuncional, los empleados son capaces de moverse entre los proyectos aumentando su interés y descubriendo nuevas oportunidades, mejor motivados y trabajando con diferentes personas, con nuevos retos y en un proceso constante de aprendizaje.

Los fundadores de Google, Larry Page y Sergey Brin fueron los primeros en evaluar la estrategia de gestión del talento mediante la creación de un departamento de operaciones con el objetivo principal de reclutar y retener a sus empleados. La gestión de todos los empleados en todo el mundo incluye un alto nivel de apoyo político de los gerentes y directores. Para garantizar la efectividad del recurso humano durante el cambio, se asignaron diferentes roles incluyendo reclutadores especializados, reclutadores internacionales especializados, administradores de programas y directores de proyectos.

Con una estructura única y creativa y la comprensión de la importancia de realizar proyectos con personal talentoso, la empresa Google fue capaz de utilizar toda la junta directiva para aprobar las instrucciones que vienen de más abajo, y utilizando un grupo de gestión ejecutiva compuesta por diferentes ejecutivos de departamento, cuando las instrucciones vienen de arriba. Con este sistema de flujo de información eficaz; los proyectos pudieron ser ejecutados sin una excesiva resistencia al cambio y teniendo el apoyo de los empleados de todas las oficinas en todo el mundo, no como una instrucción, sino con la comprensión de los beneficios de la implementación del nuevo sistema.

Mensaje 39

Influyendo en las partes interesadas

El desarrollo de una cultura basada en la vigilancia excesiva, y reconociendo la importancia de la gestión del talento para el negocio, los empleados logran entender las ventajas, la inversión, y la importancia de reclutar a las personas adecuadas para hacer bien el trabajo. La forma de presentar la información se basa en cómo los cambios beneficiarán a los empleados de una manera lógica para satisfacer sus necesidades.

La estrategia para influir en las partes interesadas se basa en los beneficios para las personas, los principios y procesos. Las personas incluyen: equipos de gestión de talento, personal de recursos humanos, gerentes y empleados. Los principios incluyen una estrategia de talento para lograr los objetivos analizando resultados, críticas y retroalimentación. Una buena estrategia será capaz de reclutar y mantener individuos calificados con una ventaja sobre sus competidores, siempre y cuando la gestión del talento del equipo comparta estos beneficios con toda la organización para su beneficio.

Para implementar un proceso de gestión de talento con éxito, el personal de Recursos Humanos debe tener una descripción clara del trabajo con información sobre la experiencia, las habilidades y capacidades de todos los empleados. Con una nueva organización plana sin gerentes que tomen las decisiones, recursos humanos también debe tener información sobre la estructura organizativa y de todos los puestos de trabajo con su descripción, las oportunidades de funciones cruzadas, los equipos existentes, así como un registro sobre todas las posiciones desarrolladas por cada empleado.

Con esta información, el plan consiste en emparejar empleados con puestos de trabajo actuales y desarrollar un proceso de selección adecuado para los futuros candidatos. Entonces, para desarrollar un plan de negociación adecuado con requisitos basados en el rendimiento, se debe desarrollar la formación y la matriz de oportunidades de trabajo, y un sistema de seguimiento para medir el desempeño del trabajo. Recursos Humanos también debe incluir orientación y tutoría, incluyendo un proceso de retroalimentación para entender las necesidades de los empleados y analizar el nuevo sistema de compensación y reconocimiento, incluyendo bonificaciones especiales.

Con el fin de configurar el plan de compromiso, tener éxito y moverse rápidamente, la gestión de recursos humanos debe incluir a los directores y gerentes de proyectos para recibir información actualizada sobre las actividades en curso y los proyectos que se están desarrollando. También deben actualizar las bases de datos de los empleados para que coincidan con sus habilidades, capacidades y experiencia con la nueva disponibilidad y posiciones estratégicas.

La nueva gestión de recursos humanos incluye cambios que necesitan la colaboración indirecta con el fin de mantener y aumentar la comunicación y las ideas entre los empleados, incluyendo beneficios directos e indirectos como son transporte gratuito de los mismos, la creación de un mercado de ideas, la regla de los 100 pies, asignación de cubículos personalizados, etc.

Ejercicio Capítulo V

Aprender a Desear en Equipo

Una de las condiciones más importantes a lograr, es hacer que todas las personas se mantengan trabajando con un mismo nivel de energía, o en un estado de "momentum" en lo que la productividad es absoluta, sin embargo, ese tiempo es corto y basta que una mala influencia o una persona no esté "en la misma frecuencia" para nunca poder lograrlo.

Las personas se conectan entre sí sólo cuando comparten sus mismos objetivos, y eso se logra a través de la comunicación.

Para este ejercicio es importante separarse por departamentos o por áreas de la empresa, ya que analizaremos cuales son los deseos comunes de cada uno y finalmente los deseos globales de la organización.

El primer paso de este ejercicio, es reunirse en grupos de personas que trabajen en la misma área, por ejemplo, administración, ventas, producción, etc.

Una vez reunidos, deberán tomar una hoja de papel grande donde todos puedan ver la lista que se va a desarrollar. La idea es escribir sus deseos en su departamento. Es importante aclarar, que no estamos hablando de misión, visión, y objetivos, sino de DESEOS. Además, todos los integrantes de ese equipo o área, deberán estar de acuerdo con todos los deseos que se escriban. Si alguno de ellos no está de acuerdo, deberán re-escribirlo o adaptarlo hasta que el 100% de los integrantes comparta plenamente el deseo.

Los deseos son los que todo el mundo piensa y que nunca dicen, por ejemplo desear una mejor comunicación, desear que se elimine la mentira, el odio, desear que se pinte la oficina, que se adorne la oficina, desear que los clientes no griten o se quejen constantemente, que la mercancía llegue a tiempo, que los pagos sean acorde al calendario, etc.

Una vez que se haga la lista por departamento, se deberán agrupar todos y colocar las hojas juntas, para así definir cuáles son los deseos comunes simplificando la larga lista elaborada por cada área y creando una lista de deseos comunes de la empresa.

La hoja final con el resumen de los 5 o 8 deseos globales de la empresa deberá ser colocada en un lugar visible para así asegurar que todos la pueden leer constantemente. Esa lista puede ser modificada a través del tiempo después que los deseos se vayan cumpliendo o existan cambios en ellas.

La lista de deseos individuales por área, deberá ser colocada en un lugar visible a todos los miembros del equipo. Mientras más las personas lean y se acuerden de sus deseos, mas van a tomar acciones para que se cumplan y más rápido se harán realidad.

Capítulo VI

La Satisfacción como base para Crecer

"Siempre estamos encontrando caminos para comenzar nuevamente, es como si comenzar nunca tuviera fin"

Mensaje 40

La Sensación de Insatisfacción

El proceso de supervivencia que hemos creado nosotros lo seres humanos incluye actividades primarias de preparación de una profesión la cual puede adquirirse a través de la educación, el estudio o la experiencia. Una vez que logramos obtener suficientes conocimientos, nos dirigimos al mercado laboral para realizarlo y así obtener una recompensa monetaria que nos permite entrar en el mundo de la economía y que nos ayuda a crecer en nuestro desarrollo individual y grupal estableciendo nuevas relaciones con personas que de alguna manera consideramos de nuestro nivel socio-económico-cultural y con quienes vamos a adquirir mayor experiencia y conocimiento.

La pregunta entonces es: ¿por qué muchas veces nosotros nos sentimos cansados y decepcionados de ir a nuestro lugar de trabajo? Se supone que nosotros mismos hemos escogido nuestra profesión o actividad laboral, que hemos aceptado las condiciones y beneficios económicos, y que deseamos muchas cosas nuevas en nuestra vida que se adquieren con esa actividad incluyendo las monetarias y las no monetarias. Dentro de nuestros deseos monetarios podemos incluir todo lo que deseamos que se necesita del dinero, como una nueva casa, un nuevo vehículo, un viaje, o una nueva televisión, las no monetarias pueden incluir las mejoras en las relaciones interpersonales, satisfacciones personales, logros, etc.

Y es desde allí, desde nuestro lugar de trabajo, donde se genera ese vínculo con el dinero o relaciones con otros para satisfacer nuestras necesidades. Entonces por qué si es día domingo en la tarde, al pensar en que mañana lunes debo ir a trabajar, puede ser que me sienta descontento, frustrado, o desanimado, en lugar de sentirme feliz, alegre, y contento?

Existen varias respuestas a esta interrogante y son casi infinitos los casos. Cada quien después de leer el párrafo anterior, se debe haber quedado pensando en su propia realidad. Sin embargo y después de haberle preguntado a muchas personas sobre el por qué, hemos llegado a una única respuesta: Porque no está haciendo lo que más le gusta hacer.

Una persona que entró a trabajar en la construcción colocando ladrillos y pudo sobrevivir, dejó en su mente guardada esa actividad como positiva; supongamos que después de un tiempo, esa persona a través del estudio y la experiencia logra llegar a gerente o jefe incrementando su nivel profesional. Si esa persona por cualquier motivo se queda sin trabajo por un largo periodo de tiempo en el que sufre las consecuencias de no tener dinero para seguir manteniéndose con su actual nivel de vida, y no consigue trabajo como gerente o jefe de una empresa de construcción, esa persona, por lo aprendido inicialmente, va a considerar volver a comenzar colocando ladrillos y recibir un sueldo tal vez de la mitad o menos de lo que ganaba en su trabajo anterior.

Al principio, estará agradecido por la oportunidad, ya que finalmente tendrá algún ingreso que le ayudará a recuperarse, pero después de unos meses, su mente se cuestionará por qué con su experiencia y conocimiento debe continuar realizando esa actividad creando quejas y condiciones negativas que no le permitirán sentirse satisfecho en su lugar de trabajo.

Igualmente, la insatisfacción laboral por si sola incluye muchas variables y aparte de ser creada por la actividad misma, también es creada por el entorno y el ambiente, las relaciones con los otros, las recompensas, etc. Por ejemplo, una persona que haga lo que más le guste, pero que tenga que pelear con su jefe constantemente, va a crear una relación insostenible en el tiempo, por lo que el buen trato y las relaciones con los demásestán directamente vinculadas con un alto nivel de satisfacción laboral.

Cuando nosotros hacemos lo que más nos gusta, nuestra mente se vuelve automáticamente más creativa, más precisa, y soñamos con nuestra actividad constantemente, es como un vicio que deseamos realizar constantemente. Nuestra mente al ser creativa, puede pasar a un alto estado de inspiración. Cuando estamos inspirados, se detiene el tiempo y nuestra mente crea en un estado profundo de concentración. Imagínese a un artista pintando un cuadro en el que está trabajando y está por terminarlo dándole los toques de magia finales… es difícil pensar que un artista que crea una bella obra de arte, no haya estado inspirado.

Si pensamos en una empresa y en los empleados que han entregado su hoja de vida o currículo con lo mejor que tienen con su experiencia, educación y conocimiento, podríamos pensar que esa actividad es la que más les gusta hacer y van a estar inspirados la mayor parte del día. Ahora por ejemplo veamos el caso de un vendedor en el que recibe constantemente respuestas negativas de sus prospectos diciéndole que no le van a comprar sus productos o servicios, finalmente se podría sentir frustrado y desmotivado de su trabajo y posiblemente piense que eso no es lo que más le gusta hacer. En realidad, el hecho de realizar ventas es lo que más le gusta, lo que no le gusta es recibir rechazos, por lo que este vendedor deberá cambiar su actitud y forma de ver los resultados, enfocándose tal vez más en cambiar su estrategia de ventas, buscar nuevos mercados, hacer más llamadas, o lo que sea que este más ligado a la venta como tal que a los resultados negativos, manteniendo en un nivel positivo de creatividad que lo ayuden a llegar a inspiración.

Mensaje 41

La Importancia de la Satisfacción Laboral

Según la oficina de Administración de la Pequeña Empresa (SBA - Small Business Administration) en Estados Unidos, esta industria representa el 99% del negocio total del país en el 2012. La pequeña empresa se refiere sólo a las organizaciones con menos de 500 empleados y son las que originan entre el 60% y el 80% de los nuevos empleos en ese país.

Sin embargo, durante el período de 1990 a 2005, el nivel de empleo de las pequeñas empresas se redujo de 58,6% a 55,8%, lo que representa aproximadamente 8 millones de puestos de trabajo menos. Esto generó un impacto en las pequeñas empresas y en la economía del país, ya que esta disminución ha sido constante según la oficina de estadísticas de trabajos (Bureau of Labor Statistics).

Las pequeñas empresas son la parte más innovadora del sector empresarial, y generan la creación de 16 veces más patentes por empleado que las grandes industrias. Sin embargo, siete de cada diez nuevas pequeñas empresas operan y sobreviven durante los dos primeros años, cinco de cada diez de los primeros cinco años, y sólo tres de cada diez de los primeros diez años. Esta tasa de fracaso puede estar relacionada con un insuficiente financiamiento y planificación, suposiciones optimistas, precios equivocados, falta de comercialización y venta, y posiblemente, la falta de satisfacción laboral.

Durante dos décadas se ha estudiado el nivel de la satisfacción laboral de los empleados de las pequeñas empresas, incluyendo su efecto sobre el rendimiento de la organización, así como también en la satisfacción del cliente.

"La satisfacción laboral es un concepto interdisciplinario utilizado en psicología, gestión de recursos humanos, y el comportamiento de la organización en relación con la diferencia entre las percepciones de trabajo y las expectativas de trabajo". Zaim y Zaim (2008) argumentan que la satisfacción laboral se correlaciona con los niveles más altos de motivación, comportamiento organizacional, satisfacción con la vida, los sentimientos de los trabajadores, y la salud mental, en el que el nivel de absentismo, rotación, y los niveles de estrés se ven afectados positivamente.

Lamentablemente, la satisfacción en el trabajo no se ha tenido en cuenta como una razón válida para justificar el cierre de las pequeñas empresas. Normalmente, en la literatura se menciona que los factores más comunes que contribuyen a los cierres de empresa incluyen: la falta de experiencia en la industria, el financiamiento inadecuado, la falta de flujo de caja suficiente, la mala planificación de negocios, la incompetencia de gestión, el caso omiso de la competencia, la cantidad de trabajo basados en objetivos irrealizables, la disminución de la base de datos de clientes, el crecimiento incontrolado, la ubicación inadecuada, el deficiente sistema de control, y la falta de habilidades empresariales.

A pesar de que existe un enlace y una relación directa entre la satisfacción laboral y la productividad, la creatividad, la motivación y el absentismo, no ha sido posible considerar el factor de nivel de satisfacción laboral como un factor influyente en el rendimiento de la empresa, y sigue siendo todavía considerado en forma separada e independiente de los motivos que generan los cierres de las empresas.

Una de las causas más comunes de cierres de empresas ocurre cuando los propietarios de pequeñas empresas traspasan sus quejas, justificaciones, y comentarios a losempleados, creando un ambiente negativo generalizado y de disminución del nivel de satisfacción en el trabajo. Por ejemplo, de estos propietarios de pequeñas empresas, el 68% afirmó que no pueden competir con los beneficios a los empleados de las grandes empresas; 57% respondió que no pueden cumplir con los requisitos exigidos por nuevos candidatos; el 48% respondió que no pueden ofrecer puestos de trabajo a tiempo completo; y el 40% respondió que no pueden proporcionar la tecnología de trabajo para los empleados. Estas limitaciones reducen el optimismo a los propietarios de pequeñas empresas acerca de sus perspectivas de negocio, afectando sus reacciones, la productividad, la creencia en el crecimiento del negocio y el éxito, creando un ambiente de trabajo hostil, disminuyendo la moral y el nivel de volumen de negocios.

Cuando los empleados trabajan duro para una empresa con un resultado final positivo, la empresa crece, disminuyendo el nivel de rotación y demostrando que el comportamiento de los empleados puede tener un importante impacto fiscal. Los bajos niveles de satisfacción en el trabajo pueden afectar a una organización, tanto en materia de recursos económicos como humanos. En el plano económico, los bajos niveles de satisfacción en el trabajo pueden aumentar innecesariamente los costos de la organización tales como la contratación de nuevo personal, capacitación adicional, las primas adicionales, y para las empresas globales que pueden tener un impacto en su capacidad para competir.

Dentro de los recursos humanos, las experiencias previas del gerente que conducen a sentimientos de frustración o el éxito también pueden tener un impacto en los niveles de satisfacción de los empleados.

La satisfacción en el trabajo no se utiliza como un predictor de la pérdida de empleo o cierres de las empresas ya que la medición se basa en las personas y no las empresas, por lo que parece lógico cuestionar el impacto de la satisfacción en el trabajo en el resultadodel éxito de la pequeña empresa.

El nivel de responsabilidad de un empleado en una pequeña empresa es mayor que en un gran negocio, y representa un recurso crítico que puede hacer la diferencia entre el éxito y el fracaso de una empresa pequeña. Por ejemplo, una pequeña empresa con 10 empleados significa que cada persona representa el 10% de los recursos humanos de la compañía, y para una gran empresa con 1.000 empleados, cada trabajador representa 0,1%.

Debido a la importancia de un empleado en una pequeña empresa y la influencia de las pequeñas empresas en la economía del País, es importante hacer destacar la significancia y el esfuerzo que deben realizar los gerentes de estas pequeñas empresas, para realmente motivar a su personal, crear un excelente ambiente de trabajo, entregar beneficios, escoger a los mejores siguiendo un procedimiento de reclutamiento y selección, y por ultimo pensar que una empresa, por muy pequeña que sea, debe ser tratada como una gran empresa que va a perdurar en el tiempo y va a crecer cada ano.

Mensaje 42

Como se mide la satisfacción laboral

El primer paso para establecer un plan de acción con respecto a este tema, es saber en qué área los empleados se sientes insatisfechos, pudiendo así ser más efectivos en aumentar el nivel de satisfacción laboral.

En el proceso de aumentar el actual nivel de satisfacción que tienen los empleados, es importante desarrollar un plan de trabajo dividido en tres etapas:

1. Etapa de diagnóstico: Aquí se evalúa el nivel de acercamiento y compromiso.
2. Etapa de proceso o desarrollo: En la cual se generan diferentes actividades que estimulan la unión entre las personas y se incrementa la comunicación.
3. Etapa de evaluación: Se realizan análisis de resultados y se calcula el incremento de la productividad.

Durante la etapa de diagnóstico, una de las formas más comunes, es realizando una encuesta interna a los gerentes y a los directores con preguntas generalizadas sobre las evidencias de lo que han observado en la empresa. Las preguntas van dirigidas a los temas más relevantes como son: la comunicación personal entre los trabajadores, la actitud entre ellos y para con la organización, el sentimiento de pertenencia a la empresa, los rasgos de liderazgo, la retroalimentación, y la capacidad de coordinar y escuchar.

Durante esta encuesta, se pueden incluir preguntas tales como:

¿Tiene evidencias de ...

1. Perdida de producción o resultados negativos de proyectos?
2. Quejas en las unidades de trabajo?
3. De conflictos o situaciones hostiles entre empleados, jefes, supervisores o gerentes?
4. Existe confusión en las tareas o situaciones no claras?
5. No cumplimiento o mal desempeño de los objetivos?
6. Falta de interés en actividades particulares o generales?
7. Falta de innovación, riesgo, imaginación, o iniciativa?
8. Existen reuniones inefectivas?
9. Problemas con gerentes o jefes?
10. Existe poca comunicación, miedo de hablar, escuchar, o no comunicación?
11. Los empleados no confían en su jefe o gerente?
12. Las decisiones que se toman no se entienden o que no están de acuerdo?
13. El buen trabajo no se reconoce o no se entregan recompensas?
14. Existe falta de motivación y estimulo de trabajar en equipo?

Si más de la mitad de estas preguntas son afirmativas, quiere decir que las personas que trabajan en la organización tienen un nivel de medio a bajo en cuanto al nivel de satisfacción laboral se refiere, y deben ser ejecutados cambios inmediatos.

Este primer resultado, nos lleva a realizar un análisis más profundo para identificar exactamente cuáles son las causas de que existan estas evidencias negativas.

Una vez que las evidencias muestren que existen irregularidades en la empresa, es imprescindible desarrollar

un análisis de satisfacción laboral a todo el personal de la empresa más detallado que incluye una encuesta individual, y una entrevista que puede ser desarrollada también en forma individual o en grupos de trabajo.
El resultado de estas encuestas nos entregará información separada en tres principales áreas: (a) el trabajo en sí, (b) sueldos, bonos, y comisiones, y (c) relaciones personales.

Cualquiera de estas tres áreas es igualmente importante y contribuyen en igual porcentaje en cuanto al nivel de satisfacción laboral se refiere. Por ejemplo, para una empresa no basta con ofrecer los mejores sueldos del mercado si los gerentes tratan mal a sus empleados o existen diferencias y discriminación. Igualmente en empresas que tienen un excelente trato con los empleados, donde hay mucho compañerismo, y buenas relaciones, si los sueldos son bajos, va a existir un alto nivel de insatisfacción laboral.

Mensaje 43

Compromiso

Uno de los principales obstáculos que enfrentan las empresas, es ver a muchos empleados navegando por lados contrarios o desordenados en referencia a las metas y objetivos principales de la empresa. Algunas de ellas, porque no tienen sus metas bien definidas ya que la diaria rutina de crear flujo de caja para cubrir gastos y mantener activa a la empresa obstaculiza una visión global o futurista del verdadero sentido de la organización.

No debemos olvidar, que La entidad más importante en la organización es el recurso humano, es decir, "Las Personas" que hacen que funcione y crezca... La actitud de estas personas son las que proyectan y reflejan a la empresa hacia sus clientes, proveedores y a todo lo que la relaciones en su negocio como si fuera el carácter de una persona.

"Si no hay personal motivado y trabajando para un mismo objetivo, no existe un negocio en crecimiento".

Los empleados comprometidos se entusiasman con su trabajo y actúan contribuyendo al éxito de la organización. El compromiso mide el nivel de relación emocional pudiendo ser positiva o negativa entre una persona y su lugar de trabajo, sus compañeros, equipo de trabajo, jefe, y la empresa como tal, influyendo en su voluntad de aprender y mejorar en su actividad.

Es fundamental poder construir emociones positivas, ya que las emociones positivas aumentan la energía de las personas y su rendimiento mejorando el ambiente y la satisfacción laboral de toda la organización. Para esto podemos mencionar algunas actividades que pueden ser implementadas y mantenidas como parte de las actividades básicas:

* Valorar al personal con reconocimientos por sus logros y satisfacción en sus equipos de trabajo. Con esto las personas sienten y tienen más deseos de aprender, a ayudarse a ellos mismos y ayudar a los demás, aumentando el nivel de efectividad en los equipos de trabajo.

* Aumentar su confianza, motivando a las personas a ayudar a tomar decisiones y valorando sus propias actividades.

* Entusiasmar a las personas con su trabajo, logrando incrementar su proactividad, generando nuevas ideas, y creando un ambiente de trabajo donde su participación y entrega es valorada.

* Promover la importancia de trabajar en la empresa, entregándoles beneficios no solo monetarios, creando una estructura que les permita tener la posibilidad de seguir adelante en su carrera profesional, y guiándolos para que tengan ganas de llegar más allá de los objetivos fijados.

* Empoderar a los empleados, interiorizando su participación e importancia en la empresa, y haciéndolos sentirse orgullosos de pertenecer a la misma.

Mensaje 44

Motivación

La alta motivación una vez que se logra el foco de atención en las metas, va a permitir un desarrollo global y permanente que finalmente llevará a la organización a un crecimiento interesante.

Aunque no existe una fórmula mágica para motivar al personal que no esté directamente relacionado con el dinero, como por ejemplo: comisiones, bonos, regalías, aguinaldo, etc. podemos mencionar uno de los aspectos centrales y es simplemente que las personas se alineen en forma directa con las expectativas de la organización y se conviertan en personas de confianza que entregan su esfuerzo y dedicación para que todos crezcan.

De esta manera podemos resumir que la motivación puede generarse cuando:
1. Ambas partes, empleador y empleado, queden alineados en sus expectativas.
2. Se desarrolle una relación "ganar-ganar" de mayor confianza.
3. Exista un incremento de la comunicación y la confianza entre todas las entidades involucradas.

Para que ambas partes, el empleador y el empleado queden alineados en sus expectativas, el empleador debe ser estricto y detallista en el planteamiento del cargo a desempeñar con sus funciones, sin crear falsas expectativa. Por ejemplo, un candidato que al momento de ser contratado le prometen que si desarrolla un buen trabajo, puede subir de cargo en los próximos 6 meses con un aumento de sueldo, y eso no ocurre después de una evaluación, ese empleado va a perder completamente su motivación, confianza, y respeto por la organización, y la creación de una desmotivación generalizada puede ocurrir después que ese empleado comienza a transmitirle a sus compañeros su desánimo.

Si no existe una relación ganar-ganar, entre el empleador y el empleado, no será posible establecer una relación a largo plazo. Esta relación se basa en un plan de trabajo en el que el empleador entiende que su empleado le va a generar beneficios a su empresa, y en el que el empleado va a recibir sus beneficios por el servicio prestado. Por ejemplo, el departamento de ventas ha contratado a un nuevo vendedor y este debe cumplir con metas en las ventas. El empleador le entrega todos los recursos para que estas metas se cumplan y el empleado ejecuta las acciones necesarias para que las ventas se realicen eficientemente. Al final, el empleador gana con el nuevo empleado y el empleado gana con el nuevo empleador. Hasta que ambas partes no entienden cual es papel en esta relación ganar-ganar, es difícil poder mantener un alto nivel de motivación.

El trabajo en equipo requiere de una comunicación constante, esto quiere decir, que la comunicación debe incluir no solamente las acciones o actividades de lo que debe realizar cada uno, sino también actividades pasadas, presentes, futuras, e información generada por otras personas que están alrededor de ese proyecto, como son clientes, proveedores, o cualquier otra entidad ligada a la comunicación del equipo. Como recursos podemos decir que la tecnología ha crecido enormemente y las aplicaciones para computadoras, tabletas y teléfonos celulares han aumentado considerablemente la cantidad de información transmitida, sin embargo, el hecho de utilizar un canal de comunicación electrónico no significa que exista comunicación entre las partes. Lo importante no es la cantidad, sino la calidad para determinar si la información es relevante o no para los equipos de trabajo.
Si no existe una comunicación fluida entre los miembros de un equipo y su líder, o entre un empleado y un empleador,

este poco a poco se sentirá aislado del resto y su motivación será cada vez menor. Es por esto, que la definición de los canales de comunicación al principio de establecer una relación y un cargo en la organización, es fundamental para asegurar que todas las personas están involucradas en las metas, objetivos, deseos, y la cultura de la organización.

Mensaje 45

Liderazgo (Parte I)

Para disipar cualquier noción o percepción errónea que haya dentro y fuera de los grupos de equipos, el liderazgo debe incluir el desarrollo de relaciones de alta calidad, con tantos seguidores como sea posible y mejores relaciones entre directivos y empleados, una mayor satisfacción en el trabajo, la motivación y productividad, recibiendo la ayuda de todos los miembros del equipo para lograr sus objetivos.

Dentro de los miembros del grupo se deben seguir con las obligaciones y tareas directamente relacionadas con los objetivos de liderazgo y altos niveles de lealtad, confianza, trabajo, y la participación en las tareas administrativas. Un líder trabaja para establecer y mantener mejores relaciones entre los miembros del grupo al permitir su participación en el proceso de toma de decisiones, delegar responsabilidades, recomendando mejoras de carrera, el intercambio de información, siendo sensible a sus necesidades, asignándoles tareas especiales, con las obligaciones y recompensas que les hacen ser parte del equipo y la organización, utilizando incentivos, la referencia y el poder de conexión de influir positivamente, y aumentando las posibilidades de buenas relaciones.

Los miembros fuera del grupo no son afines a su líder desde el momento que se instala la percepción de exclusión al grupo, es difícil pasar de "Afuera" a "Adentro" a menos que el miembro empiece todo de nuevo en un nuevo departamento u organización.

Los miembros "integrados" son vistos como empleados preferenciales y reciben mayor apoyo, asesoramiento y mejores oportunidades de los gerentes para desarrollar sus habilidades. Los directores emplean mayor tiempo intentando trabajar con los miembros integrados, con mayores asignaciones a sus desempeños y entrenamientos. Los miembros alejados del grupo son ocasionalmente probados con pocas probabilidades de recibir la opinión de un verdadero líder. La teoría de Intercambio de Miembros (LMX) explica cómo construir liderazgo para crear buenas relaciones con sus seguidores.

Algunas de las acciones que un líder debe seguir para integrar equipos incluyen las siguientes características: reuniones por separado con los miembros fuera del grupo para evaluar los posibles recursos que se intercambian; la redefinición de la relación inicial y empezar a desarrollar la confianza, la lealtad y el respeto; la construcción de compromiso mutuo entre las metas y objetivos principales de la empresa; permanente respuesta a sus necesidades; sumarlos a un programa de recompensas y el seguimiento de los procesos diarios.

Como líder, para motivar a los seguidores alienados y poder lograr un liderazgo y una relación exitosa con sus seguidores, se debe desarrollar una relación de influencia recíproca. Las organizaciones exitosas se basan en procesos de liderazgo efectivos con sus seguidores, y para reconocer a los seguidores eficaces deben demostrarse los siguientes comportamientos en el líder: responsabilidad, servicio, curiosidad, apertura a los cambios y coraje. Los seguidores deben ser socios de la organización con la misma visión, la responsabilidad, el compromiso y la iniciativa de sus líderes.

Mensaje 46

Liderazgo (Parte II)

Un seguidor puede tener entre un mínimo o un alto nivel de participación y un pensamiento crítico. Un seguidor efectivo contiene ambos en alto nivel, un seguidor conformista una alta participación y un bajo pensamiento crítico, un seguidor alienado baja en participación y alto pensamiento crítico, y un seguidor pasivo es bajo, tanto en la participación como en el pensamiento crítico. Un seguidor alienado tiene un alto pensamiento crítico porque se siente poco apreciado, engañado, y sin motivación para ayudar a encontrar soluciones, a veces con una actitud cínica y expresa siempre comentarios negativos, en pensamiento, emociones y en todas las actividades.

La forma en que los seguidores perciben a los líderes puede alcanzar alto o bajo nivel de motivación, intenciones, y competencia. La credibilidad de liderazgo aumenta cuando se entregan auto-sacrificios y se apoyan las ideas principales de la organización que no demuestran beneficios para la carrera personal. Los líderes que trabajan con honestidad y sinceridad pueden crear un ambiente de trabajo óptimo con una integración positiva en el trabajo en equipo y la participación en la que líderes y seguidores se benefician. Para llegar a ser un líder eficaz con grandes seguidores, él o ella deben estar enfocados en proveer a los seguidores alienados, conformistas y pasivos de la formación necesaria, la educación, las políticas, las herramientas y el entorno en el que puedan aumentar su nivel de apoyo a los líderes, herramientas para aumentar la iniciativa, fomentar la retroalimentación honesta, mostrar aprecio, mantener un alto nivel de comunicación, e influir a sus seguidores con un liderazgo apropiado.

El liderazgo implica muchas acciones, como la transformación de los miembros aislados del grupo, en miembros activos del grupo, la construcción de buenas relaciones con los seguidores, motivar y ayudar a los seguidores agrupen todas sus necesidades para lograr los objetivos de la empresa, y todas estas acciones requiere de habilidades, conocimientos y experiencia de los líderes que deben estar abiertos a los cambios, para recibir una nueva formación, nueva información, para implementar nuevas tecnologías, y el uso de los recursos de gestión como una herramienta para tener éxito.

De acuerdo a la teoría del liderazgo transformador, los líderes toman acciones que:

- ✓ Tienen un efecto positivo y unificador. Ayudan a establecer la visión, los valores y las creencias.
- ✓ Conducen al cumplimiento de metas. Ayudan a establecer metas y crear un ambiente participativo en el cual los demás puedan cumplir con éxito las actividades laborales.
- ✓ Enfatizan el desarrollo personal y la productividad organizativa mediante la eliminación de obstáculos y la mayor participación de los seguidores.

Ejercicio Capítulo VI

Conectando Energías

Durante este capítulo, aprendimos conceptos básicos para lograr conectarnos en una misma frecuencia como son el nivel de satisfacción laboral, el nivel de la motivación, el compromiso, y el liderazgo. Todos estos, son factores imprescindibles para poder desarrollar este ejercicio, que logra conectar y poner en práctica todo lo que hemos aprendido hasta ahora.

El primer paso de este ejercicio es sentarse en un círculo y colocar un papel grande en el medio (puede ser en el suelo) que tenga la lista de los 5 deseos más importantes desarrollados en el ejercicio anterior (Aprender a Desear en Equipo). Esta lista es el resumen de lo más importante.

El líder deberá comenzar a narrar una historia con respecto a estos cinco puntos como si la estuviera visualizando, sin embargo, solo va a contar una introducción de la historia. Luego, la persona que está sentada a su derecha seguirá agregando una sección a la historia, siempre referido a estos 5 grandes deseos, luego la siguiente persona, y así sucesivamente hasta que todos hayan aportado algo a la historia.

Básicamente, es una historia narrada de cómo ve el equipo a la empresa, su funcionamiento, operación, y con una visualización de como desean que fuera la empresa.

Por ejemplo, vamos a suponer que dentro de los deseos están: aumentar la comunicación, eliminar la envidia y el rencor, tener un mejor ambiente de trabajo, con más dinero en comisiones, y con mejores clientes que paguen a tiempo.

Esta historia comenzaría así como:

"Me imagino a todo el equipo llegando a la empresa en la mañana. Viendoa la recepcionista con una cara alegre, sonriente y que nosentrega un saludo cordial y muchos buenos deseos para el día de hoy. Luego, el encuentro con un grupo de vendedores hablando sobre las buenas ventas que se han producido recientemente y que vienen muchos más contratos y negocios en camino, eso nos levanta el ánimo. Todas las personas están contentas y disfrutando llegar a sus puestos de trabajo, porque saben que mientras más y mejor trabajen todas juntas, más dinero habrá a fin de mes en comisiones y bonos. Vemos un edificio muy bonito, claro, espacioso donde está todo limpio y ordenado. Al encontrarnos nos sentimos bien y contentos, además, optimistas porque hoy será un gran día muy productivo. Los clientes son cordiales, atienden a nuestros consejos y quedan establecidas muchas reuniones que son oportunidades de crecer para todo el equipo. Todos conversamos y nos apoyamos mutuamente ofreciendo ayuda en cualquier momento que se requiera, organizándonos para ser más productivos, y entendiendo que si uno crece, todos crecen."

Una vez creada la historia, se deberá conversar sobre el tema y estar seguros de que todos están pensando lo mismo. Es importante que TODOS estén claros en la historia y que se la aprendan.

En este momento, se puede colocar una música de meditación de fondo como una ayuda para relajar nuestra mente. Se deberá respirar profundamente hasta disminuir el ritmo cardiaco y relajar los músculos.

Luego, los participantes deberán cerrar sus ojos y un narrador, con una voz calmada, deberá narrar la historia a sus compañeros.
Cada uno en su mente, deberá imaginarse la historia

tratando de visualizar cada una de sus partes.

Al terminar la historia, se acabará la música, todos abrirán sus ojos, y ya estarán conectados en una misma frecuencia y energía que los ayudará a tener un mismo pensamiento.
Es importante recordarles que en el primer libro: *"52 mensajes que pueden cambiar tu vida"*, están todos los ejercicios para realizar una meditación individual, en este caso, acabamos de hacer una meditación en equipo.

Este ejercicio deberá ser realizado al menos una vez cada dos semanas, durante al menos, 3 meses. Después se irán agregando y sustituyendo algunas partes a la historia, a medida que los deseos se vayan cumpliendo.

Capítulo VII

Basados en la Experiencia

*"El valor del tiempo es imprescindible para generar una
productividad absoluta"*

Mensaje 47

Aprendiendo a Viajar

Los viajes son motivo de cambio, de reciclaje o renovación. Soñar con viajes significa que nuestra vida en general necesita un nuevo giro, una nueva alternativa y escapar de la rutina a la que estamos sometidos.

La experiencia y los conocimientos de una persona se forman a través de los pequeños y grandes acontecimientos que han formado su vida. Una vida rica en vivencias dota a la persona de aprendizajes y recursos para afrontar las situaciones cotidianas con mayor capacidad de respuesta y resolución. En este proceso influye, por supuesto, la capacidad de aprendizaje de cada uno, pero si consideramos un nivel común en esta capacidad de aprendizaje, la gran diferencia entre unas personas y otras, está determinada por las experiencias.

Una de las experiencias más enriquecedoras, sin duda, es viajar…

Viajar es una de las sensaciones más emocionantes, porque significa estar de vacaciones, descubrir nuevos lugares, explorar la incertidumbre de lo nuevo. En otros lugares escuchamos distintos sonidos y sentimos otras temperaturas. El intenso sonido de unas cataratas o el silencio de una nevada, son inolvidables. Emocionante es también ver animales diferentes a los de nuestro entorno habitual. Un tucán en la selva, un pájaro en el cielo, una tortuga poniendo sus huevos en una playa, un cocodrilo en un río nadando, focas o leones marinos tumbados al sol en unas rocas... El buen viajero, es el que viaja para conocer y aprender y disfruta de todo lo que visita. No importa si es bonito o feo, pobre o rico, porque lo que cuenta es saber cómo es. Cada viaje amplía el bagaje personal, el mundo propio se hace más grande, las experiencias bonitas te acompañarán para siempre y todo eso ayuda a ser más feliz. Son muy importantes los motivos que nos mueven para realizar un viaje a los que disfrutamos tanto conociendo el mundo.

¿Te imaginas llegar a un aeropuerto sin saber tu destino, tu hora de salida, o sin traer contigo tu maleta?

Para prepararnos y salir de viaje necesitamos tomar en cuenta muchos aspectos, y es que es importante hacerlos notar, ya que así como prepararnos un viaje, así es como debemos prepararnos para participar en un equipo de trabajo.

Primeramente es determinante tomar la decisión de Viajar o de tener un motivo para realizar el viaje. Luego, hay que saber quiénes te acompañarán. Una vez definida esa parte, es importante definir tu destino y saber hacia dónde te diriges según tu presupuesto. Junto a la decisión de viajar y según el destino, tal vez necesites una visa o deberás solicitar algún permiso para viajar. Solo así podrás planificar el viaje que consta de otros pasos importantes como son la fecha de viaje de ida y regreso, los recursos disponibles como cuánto dinero podrás gastar, el tiempo que llevará cada tramo o parte del viaje, qué requisitos debes cumplir, como por ejemplo si necesitar entender algunas palabras de otro idioma, luego, definir exactamente las visitas a los lugares que deseas visitar, y por último deberás buscar alojamiento y la forma en que vas a movilizarte de un lugar a otro.

Si bien es cierto, muchas personas viajan esperando encontrar todo eso al momento de llegar al lugar del destino, sin embargo, realizar una pequeña investigación con anterioridad, te puede entregar valiosa información que puede ser aprovechada en tu favor y así poder disminuir el tiempo en que te encontrarás totalmente perdido en un lugar que nunca has estado antes.

Llegamos entonces a la etapa de la organización previa antes de viajar, como son pedir permiso en tu trabajo, si viajas solo organizar las actividades de la casa y definir quién va a realizar tus tareas del hogar para no dejar a tu familia en problemas mientras estas de viaje. Por supuesto que lo más conveniente es viajar con la familia, así que deberás dejar todas las cuentas arregladas y dejar pagado por adelantado o pedir unos días extras a tus proveedores de servicios para no encontrarte con sorpresas a la llegada.

Finalmente, es hora de comprar el pasaje. Una vez que lo tienes, ya puedes sentir que estás de viaje y es cuando nos emocionamos con pensar que ya estamos allí. Junto con esa emoción viene la búsqueda de más información como son los lugares famosos, restaurants, comidas típicas, monumentos a visitar, museos, playas, etc.

Solo recuerda que al menos con un día antes de partir deberás preparar tu maleta, tus documentos y todos los accesorios que creas que vas a necesitar así como también la forma en que vas a llegar a aeropuerto y quien te va a buscar al regreso. Seguramente habrás empacado más de lo necesario: ¡Por si acaso!

A tu llegada al terminal, recuerda revisar tus documentos y estar seguro que llegas a tiempo para no perder tu avión!

¡Feliz Viaje!

Mensaje 48

Eliminando el Miedo

Muchas personas al momento de subirse a un avión están muertas de miedo. Eso, porque tal vez la información con respecto a la cantidad de aviones que se caen les parece alta, o porque han conocido a alguna persona cercana que tuvo un accidente aéreo, tal vez porque no confían en las máquinas, o porque simplemente el hecho de saber que si se cae el avión no puedes hacer nada, les llena de pánico.

Sin embargo, existe una estadística muy baja de accidentes aéreos con respecto a la cantidad de vuelos que diariamente se realizan en todo el mundo, lo que sí está claro, que muy pocos han sido los sobrevivientes a estos accidentes, así que hay que tener en cuenta que son pocos, pero cuando ocurren son fatales.

Para que se disipe el temor es preciso ser conscientes de él. Nuestra conducta suele estar siempre inspirada en la ignorancia y en el temor, y mientras nos hallemos en la oscuridad de la inconsciencia, el temor permanecerá donde está. Pero una persona con la capacidad de analizar las situaciones puede sentirse más libre del temor que otras que no buscan información, y todos podemos hacerlo.

Efectivamente, si podemos descubrir la causa fundamental de nuestro miedo entonces podemos hacer algo al respecto y cambiar la causa del miedo. Y si descubrimos cuál es su causa, la raíz, y la descubrimos por nosotros mismos, habremos terminado automáticamente con ella. Si vemos el proceso que da origen al miedo, o vemos sus múltiples causas, entonces, esa percepción misma pone fin a la causa.

Por lo tanto, debemos ver las cosas como son, con su

verdadera realidad, ¡lo que es, es! y no sólo memorizar o pensar al respecto. Es necesario que pongamos toda nuestra atención en descubrir la relación que tenemos con ese mundo, y comprobar esta relación sin sentirnos separados del resto del mundo, sino que somos parte de ese resto del mundo.

Ocurre que estamos muy acostumbrados al individualismo, "Yo y lo mío antes que nada", pero si vemos que la consciencia de cada uno de nosotros es compartida por todos los demás seres humanos que viven en esta tierra maravillosa, entonces debería cambiar toda nuestra manera de vivir.

Cada uno de nosotros, que es el resto de la humanidad y que también es la humanidad, debe mirar un hecho muy simple, observar, ver, y darse cuenta que el pensamiento y el tiempo son los factores que dan origen al miedo. Entonces, la percepción misma del miedo es la acción. Y desde que tomamos la acción como un factor neutralizador del miedo, ya dejamos de depender de otros para superarlo.

Para muchas personas tímidas, el simple hecho de pensar que tienen que acercarse a otra persona para, por ejemplo, pedir alguna información (cuando se han perdido por una calle y no encuentran la dirección correcta...), cuando tienen que pedir ayuda en una tienda (porque no encuentran la talla que buscan de su pantalón favorito...), es algo para ellos impensable, lo cual, es descartado al momento.

El miedo que una persona tímida puede tener hacia otras personas, puede que le supere y no pueda controlarlo y se encuentran en una situación de no saber cómo actuar. Posiblemente sufran síntomas de nerviosismo, sudores fríos, sequedad bucal...reacciones que son para el tímido, algo de lo que es difícil de escapar, sin embargo, relacionarte o entrar en contacto con los demás es algo natural, no tiene por qué provocarte miedo, sino todo lo contrario…relacionarse con la gente es algo maravilloso!.

El miedo a los demás, nos quita la libertad a la hora de relacionarnos, nos cierra todos los caminos, y no nos permite ver ningún horizonte. Una persona que tiene miedo a los demás, Impide el desarrollo, la creatividad, la inter-relación en la elaboración de proyectos, y lo obliga a caer en la mediocridad. ¡Por ello, hay que aprender cómo vencer la timidez!

La persona tímida tiene miedo a la gente porque en parte ha aprendido a compararse con los demás y se siente disminuido. Los otros parecen siempre muy exitosos, mejor dotados, con más suerte… La gente que parece ser exitosa, también tiene miedo, pero son capaces de vencerlo y la diferencia entre unos y otros, es que, a los que tienen miedo a los demás, el terror les paraliza, en tanto que a los audaces, les incentiva para sentirse más vivos.

Algunas formas de vencer el miedo a las personas es enfrentándolas, tratándolas, mezclándose entre ellas, evitando que el complejo de inferioridad se imponga, y teniendo la audacia de hacer algo nuevo. Este cambio de actitud no sucede de un día para otro, y posiblemente transcurra un tiempo considerable antes que esto suceda, sin embargo, poco a poco una persona tímida puede ir venciendo cada uno de sus obstáculos. Por ejemplo ir a una fiesta y tener como meta el acercarse a alguien desconocido y establecer una conversación. Luego, en otra oportunidad, podrá incluso hacer lo mismo y lograr contar chistes y reírse con ellos. Lo importante es la actitud de querer mejorar y salir adelante!

Mensaje 49

Convirtiendo los Sueños en Realidad

La realidad que conocemos en la vida está basada en sueños, los sueños que alguna vez otros o nosotros mismos tuvimos. Todos los avances conocidos por la humanidad y la sociedad moderna existen porque una vez alguien se atrevió a soñar que era posible crearlos y los forjó.

Soñar podría ser la cosa más simple en la vida, pero necesita del respaldo de la acción para convertirse en realidad.

La creación, básicamente es un proceso de dos pasos, para crear cualquier cosa en este plano de tres dimensiones que consideramos como realidad, necesitamos primero crearlo en nuestra mente. Consideramos que vivimos en un mundo físico donde podemos ver y tocar las cosas, aun así, la realidad existe primero en la mente, es decir que para manifestar algo, necesitamos primero concebirlo en nuestra mente.

Tal vez uno de los ejemplos más notables de nuestra historia reciente sea el de Martin Luther King, quien dijo "Tengo un sueño" ("I have a dream"), y luego se dedicó a hacerlo realidad. Ese es un ejemplo claro de ser una persona coherente, tuvo un sueño (pensamiento), lo dijo (palabra), se sentía identificado con este sueño (emoción), y le dedico su vida a hacerlo realidad (acción).

Por lo anteriormente expuesto es claro que el ser humano puede lograr lo que se proponga, siempre y cuando esté dispuesto a salir de su zona de comodidad para aprender las cosas que necesita saber para alcanzar el éxito.

Los seres humanos somos sumamente adaptables (el desconocimiento de esta característica no impide su manifestación), y esta es nuestra ventaja para construir mejores vidas para nosotros, nuestra adaptabilidad para aprender y cambiar. Es importante prepararnos para sentirnos incómodos al traspasar la frontera de nuestra zona de comodidad y es mucho más fácil aprender cosas nuevas cuando nos preparamos para ello con anticipación.

La mayoría de las personas detiene su proceso de aprendizaje cuando comienza a sentirse incómoda con las nuevas ideas. Irónicamente es justo en ese punto cuando el verdadero aprendizaje comienza.

Para permitirnos convertir nuestros sueños en realidad ayuda comenzar nuestro proceso de aprendizaje contínuo (mientras estamos vivos aprendemos y experimentamos cambios) apenas tomemos consciencia de lo deseable que es hacerlo, y asumir una actitud alerta y fresca ante este proceso que nos permita continuar alegremente ante las adversidades que se pudieran presentar.

Convertir nuestros sueños en realidad es algo tan sencillo como expandir nuestra zona de comodidad. Esto podemos lograrlo más fácilmente probando pequeñas cosas nuevas frecuentemente, tales como:

- Ir al trabajo por una ruta diferentes
- Hacer las compras en una tienda diferente
- Probar comidas nuevas
- Dormir en una postura diferente
- Tomar la decisión consciente de experimentar

Al asumir estas nuevas actividades se estará expandiendo sus fronteras un poco cada día, y es allí justamente donde el crecimiento comienza

A medida que te permitas intentar cosas nuevas, la confianza aumenta, esto te hace sentir bien y poderoso.

Cuando adquieres la confianza de ser capaz de "sobrevivir" a las nuevas ideas y a los cambios, entonces te permites probar aún más cosas nuevas. Una vez alcanzado este punto estás en condiciones de plantearte metas mayores que expandan tus fronteras de manera más significativas. Para beneficiarte, puedes elaborar una lista de cosas que al lograrlas te harían sentirse mucho mejor contigo mismo, por ejemplo:

- Orientar a alguien
- Comenzar un programa de ejercicio
- Tomar clases de Yoga
- Meditar diariamente
- Ofrecerse como voluntario para una causa noble
- Escribir un cuento, un poema, o un artículo y publicarlo
- Escalar una montaña
- Alimentar a alguien sin hogar
- Aprender a tocar un instrumento musical
- Inscribirse en clases de baile
- Enseñar a alguien una de sus habilidades
- Lograr un ascenso en su trabajo
- Etc., etc., etc.

Luego escoge una o dos que estés dispuesto a hacer realidad en los próximos 30 días, incorpóralas a tu agenda y hazlas realidad. Una vez logradas, podrás escoger otra actividad y así, cuando completes tu lista puedes hacer una nueva.

Si haces del crecimiento personal un hábito de por vida, notarás que cada vez te siente más relajado al acercarse a tus supuestos límites personales, hasta que estos últimos se disuelvan y te des cuenta que el único riesgo que corrías al salir de tu zona de comodidad era alcanzar el éxito.
A partir de ese momento nuestra zona de comodidad se vuelve tan amplia como el universo entero,

¿Quién podría señalarnos límites entonces?

Lo mismo ocurre con un equipo de trabajo que nunca ha realizado un proyecto como el que debe hacer ahora, y sueña con lograrlo. La diferencia con respecto a un sueño individual, es que todos los integrantes del equipo deben estar mentalizados y enfocados en los mismos sueños.

Mensaje 50

El placer de trabajar

Seguramente, casi todos nosotros recordaremos algún momento en el que nos hayamos quedado durante largos períodos de tiempo jugando a la pelota con nuestros hijos, amigos, hermanos, etc. No necesariamente un juego muy técnico, sino esos ratos en los que apenas disfrutábamos el lanzar una y otra vez una pelota o un balón al otro y recibirlo de vuelta, sin que nada más nos importara. Son esos juegos en un parque, en la playa, en una piscina, o reunidos afuera en la calle con los amigos del barrio, el lugar en realidad no importaba mucho y pasaba a un segundo plano, lo importante era lo bien que nos hacían sentir esos momentos de distracción con personas que nos hacían sentir bien.

Imaginen ahora lo maravilloso que podría llegar a ser si lográramos desempeñarnos en nuestros empleos con esa misma entrega y voluntad, por el solo hecho de pasarla bien. Seguramente a muchas personas esto pueda parecerle un absurdo, pero les aseguramos que no lo es del todo. Para mucha buena gente, el trabajar es el estado perfecto de fluir, de dejar que las cosas avancen de manera natural, sin que importen mucho las reglas o los condicionamientos.

Nos cuesta mucho lograr este estado de dejar fluir en la actualidad, debido a que tenemos grabados en nuestros inconscientes una gran cantidad de normas y reglas en las que en realidad ya no creemos más, pero por alguna extraña razón seguimos practicando una y otra vez. Una de esas reglas es sin dudas aquella de que el trabajo tiene que ser algo serio, este concepto es grabado desde muy temprano en casi todas nuestras mentes, y en algunas organizaciones no es bien visto el hecho de disfrutar trabajando. De hecho la palabra misma: trabajar, es sinónimo de obligación, de cansancio, de esfuerzo, de estrés, y de algo completamente agobiante. Nuestra pregunta es si estos mismos mitos los tiene un profesional del deporte, un comediante, un actor de cine, un corredor de autos, un músico que prepara un concierto, un pintor, un escritor, etc.

Es importante recordar que si queremos lograr cambios verdaderamente profundos y significativos en nuestras maneras presentes de actuar, tenemos que empezar por olvidar muchas de las cosas que aprendimos de niños. Mientras seamos presas de esos viejos sistemas de creencias que han gobernado nuestras vidas con ideas impuestas a nuestros antecesores, muchas veces, incluso desde antes que nosotros hubiésemos nacido, difícilmente lograremos encontrar nuestra propia forma de expresarnos en nuestros empleos y en los demás aspectos de nuestras vidas, aquella que de verdad se ajuste a lo que somos y sentimos en el presente, en este creado por nosotros mismos, no por lo que le hayan enseñado tiempos atrás.

Trabajar de manera fluida y placentera, como lo hacíamos cuando lanzábamos la pelota con otra persona, tiene que ser un derecho al que ninguno de nosotros deba renunciar por nada en el mundo. Son muchas las empresas que están aplicando nuevos sistemas de creencias en sus colaboradores, donde ya no hay lugar para los pensamientos de tipo fabriles o "esclavizantes" y los **resultados son fantásticos**, más aún, es algo que en el futuro, ni siquiera debe depender de la empresa en la cual trabajemos, sino que, debe ser algo que nazca desde lo más profundo de nosotros mismos. Para esto volvemos al mismo mensaje en el que se dijo que lo más importante es hacer lo que más nos gusta hacer, así nos cueste encontrarlo, sin embargo al lograrlo, la palabra "trabajo" desaparece inmediatamente, ya que será un placer realizar esa actividad las 8 horas del día, los 7 días de la semana y los 365 días del año, y además, vas a recibir dinero por hacerlo.

Mensaje 51

El río pasa por mí

Hablamos en el mensaje anterior de lo bello que es disfrutar al sumergirse haciendo algo por el solo hecho de hacerlo, sin reglas, sin estructuras rígidas, sin mayor motivación que el de pasarla bien, de quedar satisfecho con lo realizado.

Tenemos bien claro que las tareas que desempeñamos en nuestros trabajos son la mayoría de las veces nuestras fuentes de ingreso y sustento para nosotros y nuestras familias, que bajo ningún punto de vista, pretendemos que estas sean hechas de manera que puedan afectar nuestros puestos de trabajo, el profesionalismo y la calidad deben ser componentes primordiales de todo trabajador que se precie. Pero creemos firmemente que el trabajar con agrado y placer no debe ser excluyente de los buenos resultados. De hecho, estamos seguros, que sucede de forma inversa, a mayor grado de placer obtenido en cada tarea, mayor será el grado de los resultados obtenidos.

Sabemos que el "Fluir no es tanto recorrer el rio, sino, aprender a dejar que el rio fluya a través de nosotros", este principio aplicado a nuestro trabajo nos indica que no es tan importante aquello que hacemos, sino, la manera cómo lo hacemos. Muchos de nosotros soñamos con viajar por grandes ríos, pero poco sabemos disfrutar el momento en el que un gran río pasa por nosotros.

Siempre que hablamos de disfrutar el momento, de dejarnos "fluir" en cada cosa y en cada tarea que realicemos, debemos tener en cuenta un factor que es definitivo a la hora de poder lograrlo, evitar la rigidez. Esta rigidez en la mayoría de los casos, viene grabada en nuestros subconscientes de manera férrea, después de años y años siguiendo patrones de conducta basados en sistemas de creencias igualmente rígidos, impuestos en nosotros durante los primeros años de nuestra formación, por padres, maestros, familiares, cultura, país, etc.

Varias veces hemos escuchado historias de bebés que han caído a ríos caudalosos y han sobrevivido sin casi ninguna herida, al contrario de lo que puede pasarle a personas adultas, la gran diferencia es que los bebés no ofrecen gran resistencia, se dejan llevar, esto hace que el propio caudal del río los haga pasar por los lugares más apropiados y con eso logran salvarse en la mayoría de los casos, al contrario de lo que hace un adulto, que intenta "luchar" contra la fuerza imponente del río, se cansa y sale de la corriente natural y se golpea contra las piedras, con los resultados que podemos imaginar.

Obviamente este es solo un ejemplo, pero nos sirve para ilustrar lo que sucede cuando somos seres rígidos, cuando luchamos contra las condiciones en vez de adaptarnos a ellas. Como lo decía el viejo sabio: "las ramas del árbol, cuando son jóvenes y flexibles, se adaptan a la peor tormenta, pero, cuando se ponen secas y rígidas, se parten con facilidad ante cualquier viento fuerte"

Por tanto debemos tener presente que para lograr nuevos resultados en nuestro desempeño actual, tenemos que empezar por "flexibilizarnos", dejar atrás los conceptos rígidos aprendidos (inculcados) en la infancia, substituirlos por otros más acordes al tiempo actual, coherentes sobre todo con los resultados que deseemos lograr.

Mensaje 52

Deseo creer en eso

Hemos visto en los dos últimos mensajes la importancia de ir dejando atrás los viejos sistemas de creencias que nos fueron impuestos durante nuestra infancia, para ir eliminando la gran cantidad de incongruencias que encontramos a lo largo y en todos los aspectos de nuestras vidas, en particular en la forma de desempeñarnos en el trabajo, que es lo que nos ocupa en primer lugar en este libro.

Es lógico (aunque no debería parecernos normal) que vivamos rodeados de incoherencias en nuestras vidas, pues, intentamos resolver situaciones actuales, con un software completamente desactualizado, siguiendo pautas que ya no encajan más en nuestra realidad, realidad que dicho sea de paso, está determinada por esas creencias que defendemos aun. Es un gran círculo vicioso, por un lado, reconocemos que las viejas creencias ya no nos llevan a ningún lado, pero al intentar eliminarlas o modificarlas, saltan esas mismas viejas creencias a auto defenderse y nos cuesta mucho lograr modificarlas.

Podríamos decir que el viejo sistema de creencias, fue creado para perpetuarse, como todo sistema, busca sobrevivir a cualquier posible ataque de las "nuevas fuerzas", para lograrlo, se aferra a un sinfín de estrategias, tales como las costumbres familiares y sociales, los hábitos, la religión, el nacionalismo y muchos otros, de este modo, cualquier intento de cambio es visto por el viejo sistema como un ataque a sus raíces, al que hay que desechar. Entonces, es difícil cambiar algo que muy en el fondo de nuestras consciencias, seguimos alimentando.

Para lograr el cambio del viejo sistema, se vuelve imperativa la toma de consciencia, esto significa, en primer lugar ser honestos para con nosotros mismos y preguntarnos, ¿cuáles de esas creencias ya no nos sirven más?, para buscar la manera de modificarlas, adaptarlas, corregirlas o simplemente eliminarlas. Sin llegar a pensar que estamos siendo deshonestos con quienes nos enseñaron eso que ahora pretendemos cambiar; el principal bloqueo sucede con los padres, que son quienes colaboran en mayor medida a la construcción de nuestros sistemas de creencias, pero conjuntamente a estas se suman también las creencias impuestas por la cultura del país donde nos criamos, aquí el paquete incluye factores, étnicos, religiosos, políticos, deportivos, afectivos, educativos, alimenticios y muchos otros.

Es fácil deducir de todo esto que, el proceso de cambio de paradigmas y de sistemas de creencias es algo que tiene que partir de adentro hacia afuera, desde nosotros, no depende de nadie más, de hecho, allí está quizás la gran trampa, pues si tomamos en cuenta en primer lugar a los factores externos, (que fueron los mismo que crearon esas creencias) difícilmente encontremos argumentos válidos para conseguir burlar a las defensas del sistema, que actuarán como una especie de anti virus bloqueando cualquier intento de ingreso al sistema por parte de "ideas novedosas".

Si somos honestos con nosotros mismos, lograremos encontrar el punto de equilibrio adecuado para renovar nuestras creencias y mantenernos fieles a algunas tradiciones impuestas en la infancia. Los resultados pueden ser sorprendentes!

Ejercicio Capitulo VII

Trabajo en Equipo

Plan para la preparación y entrega de desayunos

Objetivo: Preparar 120 desayunos en 15 minutos.

El plan debe incluir el trabajo en equipo de todos los integrantes. Para hacerlo es importante distribuir 6 equipos organizados según sus roles.

Desde la noche anterior, se deberán tener listas las mesas de trabajo y todos los ingredientes para preparar los desayunos.

El equipo de limpieza deberá preparar las mesas y tenerlas ordenadas previamente.

Mesas de Trabajo:

1. Mesa de Panes
2. Mesa de Bebidas
3. Mesa de Producción
4. Mesa de Empaque
5. Equipo de Ventas y Distribución
6. Equipo de Limpieza

Mesa de Panes:

Se ocupará de todos los ingredientes, platos, vasos, servilletas, etc. Debe asegurarse el día anterior de ir a comprar todo lo que haga falta.

Esta mesa es la que se ocupa de la distribución de los elementos necesarios para la preparación de los sándwiches. Es la que se encarga de proveer a las demás mesas de todo lo que les haga falta. Debe estar formada por 6 personas, las cuales estarán distribuidas en cada una de las otras 4 mesas.

Mesa de Bebidas:

En esta mesa se preparan vasos con café, té y jugo. Se deben colocar 120 vasos de cartón para café sobre la mesa. El equipo debe estar pendiente de hervir el agua y preparar café o té. Este equipo estará integrado por 4 personas, las cuales cada una preparara 30 vasos de bebidas. Deberán hervir las jarras de agua, una para cada participante. La distribución de las jarras, los vasos, café, crema y azúcar estará a cargo una persona de la mesa de panes.

Mesa de Producción:

Esta mesa es la que se va a encargar de fabricar los sándwiches. Estará compuesta de 8 personas divididas en las siguientes actividades:

- 6 personas deberán armar los sándwiches, 20 por cada uno.
- 2 personas se encargarán de trasladar los panes fabricados a la mesa de empaque.
- 2 persona de la mesa de panes a cargo de chequear que no falte ningún ingrediente. En caso que faltara, deberá trasladarlo desde la mesa de panes hasta la mesa de producción.

Mesa de Empaque:

Esta mesa recibirá los panes fabricados por producción y se encargará de envolverlos, luego, separarlos desacuerdo a las lista de ventas generada por el equipo de ventas del día anterior y preparar las bolsas. Cada bolsa contiene un sándwich y una bebida. El trabajo finaliza cuando las cajas con bolsas de sándwiches y café están dentro de los vehículos de distribución y ventas.

Equipo de Ventas y Distribución:

El equipo se encargará de vender con anticipación los sándwiches, hacer la lista de cada una de las personas que van a comprar, llevarlos el día de la venta y hacer la cobranza. Estará formado por 8 personas, de las cuales, 4 serán de venta y cobranza y 4 choferes. En cada vehículo van a ir 2 personas, el chofer y el vendedor. El vendedor debe revisar que la caja con todas las bolsas de panes está completa, una vez chequeada la lista, el chofer y el vendedor van a la empresa que los compró para ser distribuidos. Al llegar a la empresa, el chofer se encarga de entregar los panes y el vendedor de hacer la cobranza.

Equipo de limpieza.

Una vez que los cuatro vehículos salgan de la oficina, el equipo de limpieza se encargará de retirar, limpiar y recoger todo lo referente a este proceso, colocarlo en bolsas de plástico de basura, y separar/guardar los ingredientes sobrantes.

Fin del proceso.

El trabajo termina cuando el vendedor entrega el dinero al tesorero con la venta de los panes.

Condiciones:

1. No deben haber devoluciones de panes.
2. No deben haber errores en las entregas.
3. El dinero recolectado debe ser en billetes.

El tesorero publicará el monto total recolectado.

175

...

www.ingramcontent.com/pod-product-compliance
Lightning Source LLC
Chambersburg PA
CBHW051301250726
48656CB00004B/1411